马克思主义经典文本的当代解读与中国道路

丛书主编　吴晓明

国家出版基金项目
NATIONAL PUBLICATION FOUNDATION

重庆市出版专项资金资助项目

《哲学的贫困》的
当代解读与中国道路

王德峰————编著

A brief Introduction to The Poverty of Philosophy

重庆出版集团 重庆出版社

图书在版编目（CIP）数据

《哲学的贫困》的当代解读与中国道路 / 王德峰编
著. -- 重庆：重庆出版社，2024.9
ISBN 978-7-229-18581-7

Ⅰ．①哲… Ⅱ．①王… Ⅲ．①马克思著作研究 Ⅳ．
①A811.21

中国国家版本馆CIP数据核字(2024)第076032号

《哲学的贫困》的当代解读与中国道路
《ZHEXUE DE PINKUN》DE DANGDAI JIEDU YU
ZHONGGUO DAOLU
王德峰　编著

责任编辑：吴　昊
责任校对：朱彦谚
装帧设计：刘沂鑫

重庆出版集团
重庆出版社　出版

重庆市南岸区南滨路162号1幢　邮政编码：400061　http://www.cqph.com

重庆出版社艺术设计有限公司制版
重庆天旭印务有限责任公司印刷
重庆出版集团图书发行有限公司发行
E-MAIL:fxchu@cqph.com　邮购电话:023-61520646
全国新华书店经销

开本：889mm×1194mm　1/32　印张：5.875　字数：100千
2024年9月第1版　2024年9月第1次印刷
ISBN 978-7-229-18581-7

定价：29.00元

如有印装质量问题，请向本集团图书发行有限公司调换：023-61520678

总序

吴晓明

当中国的历史性实践进入到新的历史方位时，"世界历史"正面临着百年未有之大变局。为了理解这一变局并把握住它的根本趋势，我们尤其需要以马克思主义的理论来作为思想武器和分析工具，以便能够真正深入到"世界历史"变局的本质之中。因为直到今天，没有一种学说像马克思的学说那样，如此深刻而透彻地洞穿了现代世界的本质并将其带入到"历史科学"的掌握之中。正如海德格尔所说：马克思在体会到异化的时候，是深入到历史的本质性的一度中去了，所以马克思主义关于历史的观点比其余的历史学优越。这种优越性首先在于它的基本方法，在于这种方法将本质性导回到社会—历史的现实之中，从而要求根据特定的社会条件和时代状况展开具体化的理论研究和思想探索。

为了理解和掌握这种方法，我们就必须进入到马克思主义的经典文本之中——这是一个尽管初步但却是绝对必要的环节。如果认为马克思主义从根本上诉诸"现实"，因而就以为文本、原则或原理等乃是无关紧要的和可以怠忽的，那么，这从一开始就已经误入歧途了。须知"现实"并不是知觉能够直接给予我们的东西，并不是我们睁眼就能看到的；真正的"现实"，按黑格尔的说法，是"本质与实存的统一"，是"展开过程中的必然性"。既然"现实"包含着本质和必然性，那么，把握"现实"就是一种很高的理论要求，就需要有理论高度上的原则或原理。所谓"经典文本"，就是最集中地体现原则或原理的文献。为了将马克思主义理论把握为强大的思想武器和锐利的分析工具，首先就必须通过经典文本的广泛阅读来学习马克思主义的原则或原理——舍此没有他途。我们正是为此目的而编选这套马克思主义经典文本解读系列的。

但是，马克思主义的理论绝不停留于抽象的原则或原理，也绝不意味着只是将抽象的原则或原理先验地强加给任何对象（外在反思）。对于马克思主义来说，它的基本方法最坚决地要求使原则或原理进入到全面的具体化之中。我们知道，黑格尔早就说过：没有抽象的真理，真理是具体的；一个哲学上的原则或原理，即使是真的，只要它仅仅是一个原则或原理，它就已经是假的了。我们同样知道，马克思在《政治经济学批判导言》中，将他的方法简要地概括为"从抽象到具体";而我们耳熟能详的一句名言说:"具体情况具体分析是马克思主义的活的灵魂。"在这样的意义上,辩证法就意味着:普遍的东西要摆脱它的抽象性而经历特定的具体化。对于黑格尔和马克思来说,这样的具体化主要有两个向度,即社会的向度和历史的向度;而这就意味着:抽象普遍的东西必须经过中介——根据特定的社会条件和特定的时代状况——来得到具体化。

举例来说,马克思主义的原则或原理乃是普遍的。但正如恩格斯所说,除非这样的原则或原理能够根据特定的社会条件和时代状况被具体化,否则它就会沦为"恶劣的教条",就会转变为"唯物史观的对立物"。而根据中国特定的社会条件和时代状况得到具体化的马克思主义,就是中国化时代化的马克思主义。事实上,与中国的历史性实践建立起本质联系的,不是抽象的马克思主义,而是中国化时代化的马克思主义。同样,在"世界历史"的基本处境中,现代化乃是普遍的。如《共产党宣言》所说,任何民族——如果它不想灭亡的话——都必然被卷入到现代化的进程之中,也就是说,现代化已成为每一个民族之普遍的历史性任务。但是,除非这样的普遍任务能够根据特定的社会条件和时代状况被具体化,否则,它就没有现实性可言，它就会遭遇到巨大的挫折和严重的困境。而根据中国特定的社会条件和时代状况得到具体化的现代化进程，就意味着中国式现代化，就意味着中国特色现代化道路的积极开启和现实展开。事实上，正是中国式现代化的历史性进程才使得中国的现代化开辟出立足于自身之上的发展道路，并取得了举世瞩目的伟大成就。由此可见，在这样一种具体化的理论进程和实践进程中，就像马克思主义必然要成为中国化时代化的马克思主义一样，中国的现代化实践也必然要成为中国式的现代化。

我们的这套解读系列之所以加上"当代解读与中国道路"的标识，就是试图积极地提示马克思主义的基本方法，提示这一方法从根本上来说的具体化承诺。毫无疑问，任何一种经典文本的解读，首先要求对原著的基本理解，要求掌握它的原则或原理。同样毫无疑问，马克思主义经典文本的解读还要求原则或原理的具体化——根据特定的社会条件和时代状况而来的具体化。如果这个解读系列的尝试能够帮助读者更加全面地阅读和理解经典作家的原著，那么，我们的目的就基本达到了；如果这一尝试还能够使读者在理解原著的基础上牢记具体化的必要性并学会掌握它，那么，马克思主义的基本方法就会真正成为我们的研究指南和分析利器。凭借着这样的指南和利器，我们不仅能够更加深入地思考中国道路的本质与必然性，而且能够更加积极地回应"世界历史"变局中正在出现的重大问题与严峻挑战。

我们由衷地感谢为这套解读系列付出辛勤劳动的诸多学者和整个出版社团队，我们也真诚地希望读者们能够从中得到思想理论上的有益启示和多重收获。

2023年冬初于复旦大学

目　录

原著解读

前　言

　　马克思的《哲学的贫困》一书出版于1847年，就其理论性质而言，可以看作是马克思后来的巨著《资本论》的一个导言。马克思本人也是这么看的，他在1880年为法国《平等报》写的一篇文章中这样说："我们决定重新发表《哲学的贫困》（初版已售完），是因为该书包含了经过20年的研究之后，在《资本论》中阐发的理论的萌芽。所以，阅读《哲学的贫困》以及马克思和恩格斯于1848年发表的《共产党宣言》，可以作为研究《资本论》和现代其他社会主义者的著作的入门。"①

　　对《资本论》的真正有价值的阅读，不但是一种研究，而且是一种非常艰苦的研究。原因在于，它是一门新

---

① 《马克思恩格斯文集》第1卷，人民出版社2009年，第812—813页。

科学。这门新科学属于马克思所展望的人类未来知识的新
类型——"历史科学"——中的一门。

对于这门新科学的认识，需要一个相当长的现实历史
进程来提供基础。马克思给了这门新科学一个名称："政
治经济学批判"，这也是马克思加在《资本论》书名上的
一个副标题。"批判"在此不是简单的"否定"或"驳
斥"，而是指在对近代以来的经济科学的前提和界限的揭
示中，创立一门新科学。因此，《资本论》不是一部经济
学著作，也不是一部对既有的经济学进行改造，使其更加
完善的著作，而是提出关于资本主义的新的理论。倘若我
们把《资本论》视作一部经济学著作，并且因此在这个方
面把马克思看作一位经济学家，那么，我们从一开始就犯
了错误。

为了排除这种在事实上经常发生的错误，最有效的做
法之一，就是研读并阐发《哲学的贫困》的要义。

一、《哲学的贫困》之缘起

《哲学的贫困》是一部论战性著作，论战的对手是法国当时颇有名声的作家蒲鲁东。写作的动因是偶然的——1846年蒲鲁东给马克思写了一封长信，信中介绍了他自己将要出版的著作《贫困的哲学》（全名：《经济矛盾的体系，或贫困的哲学》）的主要内容，并附带说了这样一句话："我等待着您严格的批评。"该年年底，马克思读到了蒲鲁东的这部著作，立刻决定对之展开"严格的批评"。1847年上半年，马克思完成了这项批评，并将其发表，这就是用法文写成的《哲学的贫困》。

但是，偶然中有必然。马克思与蒲鲁东早就相识，并且建立了友谊。1844年马克思居住在巴黎，和蒲鲁东多有交往，他们之间有过"长时间的、往往是整夜的争论"。这一情况表明，马克思当时非常重视蒲鲁东。的确，蒲鲁东是一个值得重视的人。他在1840年发表了让他享有声名的著作：《什么是财产?》。这本书的结论就是那个著名的命题："财产就是盗窃"。此时的马克思尚处在黑格尔思想的范围之内，同时，对法国的社会主义思潮也不甚了了。马克思后来在回顾这段时期时写道："我以往的研究还不容许我对法兰西思潮的内容本身妄加评判。"①这一时期的蒲鲁东，就其在社会主义思想上的突进而言，确实走在了马克思的前面，马克思只是在1842—1843年间才"第一次遇到要对所谓物质利益发表意见的难事"②。

　　这个难事就是著名的"《莱茵报》时期的苦恼"。马克思的苦恼源自一个发现，即发现了整个人类世界的基础领域——物质生活关系领域（也即物质利益领域）是一个非理性的领域，这个领域无法用黑格尔的法哲学来加以理解和阐明。就此，马克思在《莱茵报》时期写下了这样的话："利益是讲求实际的，世界上没有比消灭自己的敌人更实际的事情了。"③这就是说，物质生活关系是人与人之间的感性对抗关系，这种对抗正因其是感性的，所以是一

————————

① 《马克思恩格斯选集》第2卷，人民出版社1972年，第82页。

② 《马克思恩格斯选集》第2卷，人民出版社1972年，第81页。

③ 《马克思恩格斯全集》第1卷，人民出版社1956年，第149页。

种要求"消灭敌人"的对抗。这个发现对马克思来说是一个很大的震动，足以撼动他对黑格尔理性主义哲学的基本信念，这促使他的思想发生革命性的转变。而在此之前，也即在1840年，蒲鲁东却已经用他的一本书宣告了私有财产关系的基础不是理性，而是"盗窃"，这不能不给马克思留下非常深刻的印象。

1865年蒲鲁东去世了。该年，马克思应《社会民主党人报》的请求写下了《论蒲鲁东》一文。在该文中，马克思对蒲鲁东曾经的功绩给出了客观的评论：

他的第一部著作《什么是财产？》无疑是他最好的著作。这一著作如果不是由于内容新颖，至少是由于论述旧东西的那种新的和大胆的风格而起了划时代的作用。在他所知道的法国社会主义者和共产主义者的著作中，"财产"当然不仅受到各式各样的批判，而且也空想地被"废除"了。蒲鲁东在他那部著作中对圣西门和傅立叶的关系，大致就像费尔巴哈对黑格尔的关系一样。和黑格尔比起来，费尔巴哈是极其贫乏的。但是他在黑格尔以后起了划时代

的作用……①

　　这是一个相当高的评价，用了"划时代的作用"这样的提法。为何可以用这样的提法呢，因为蒲鲁东向经济学中"最神圣的东西"——现代私有财产——发起了挑战。马克思如此赞扬这一挑战：

　　向经济学中"最神圣的东西"进攻的挑战性的勇气，用来嘲笑庸俗的资产阶级理性的机智的怪论，致命的批判，刻薄的讽刺，对现存制度的丑恶不时流露出来的深刻而真实的激愤，革命的真诚——《什么是财产？》就是以所有这些特性激动了读者，并且一出版就留下了强烈的印象。②

　　但是，可惜的是，发现了私有财产之非理性性质的蒲鲁东，却在这个发现面前停了下来，而不是以此为出发点继续前进。相反地，他最终还背离了自己的发现。他在追求社会主义的路途中，转而求诸被他嘲笑过的"资产阶级

---

① 《马克思恩格斯选集》第2卷，人民出版社1972年，第140—141页。
② 《马克思恩格斯选集》第2卷，人民出版社1972年，第141页。

理性"及其最高的理论概括——黑格尔哲学。这一背离的证据，就是他后来的两部著作：《论人类秩序的建立》（1843年）和《贫困的哲学》（1846年）。

与蒲鲁东不同，马克思没有停下自己的脚步，他在那个引发了"《莱茵报》时期的苦恼"的发现之后，继续前进。而这一前进必然意味着一场艰苦卓绝的思想奋斗：要正视这个发现，要弄清它的全部性质和真实意义。这一切终于导向了一场哲学革命。革命发生的时间是1844年，地点是巴黎，其文献上的存在，就是《1844年经济学哲学手稿》。

我们因此可以这样想象：正居住在巴黎，正在发动哲学革命的马克思，与蒲鲁东相遇了，两人之间进行了长时间的、往往是整夜的争论，而这些争论会围绕着一个怎样的焦点呢？

争论的具体内容没有文字资料留存下来，但是，对于争论的焦点却是可以作出合理的推测的。这个焦点完全可能是：如何才能扬弃那个已被指认为非理性的，也即对抗性的现代私有财产关系（即资本）？与此同时，我们也可以相信，他们的争论在当时不会有任何结果。这是因为，一方面，马克思本人的哲学革命尚在进行之中，尚未完

成，也就是说，作为这场革命之成果的历史唯物主义还未
诞生。另一方面，蒲鲁东在当时还很不熟悉黑格尔的辩证
哲学，还无法以之作为武器同马克思展开探及根本的争论。

这场没有结果的争论，到了1846—1847年间才终于有
了结果。这结果就是两本书的先后发表：《贫困的哲学》
和《哲学的贫困》。前一本书表明，蒲鲁东是"多么赞同
思辨哲学的幻想"，以及"如何拐弯抹角地又回到资产阶
级经济学的立场上去"①。而后一本书则表明，马克思如
何从根子上揭穿了思辨哲学的迷误，以及如何运用已经创
立的历史唯物主义（这一创立实现在马克思恩格斯合著的
《德意志意识形态》中），对以往一切经济学理论的前提和
基础进行彻底的、毫不妥协的批判。

为此，应当感谢蒲鲁东，正是因为有了他的《贫困的
哲学》作为批判的对象，才为马克思既深刻、又晓畅地表
述历史唯物主义思想提供了契机。由于《德意志意识形
态》在当时未能发表，历史唯物主义通过《哲学的贫困》
的出版首次问世。马克思后来（1859年）写道："我们
（指马克思和恩格斯）见解中有决定意义的论点，在我的

---

① 《马克思恩格斯选集》第2卷，人民出版社1972年，第143页。

1847年出版的为反对蒲鲁东而写的著作《哲学的贫困》中第一次作了科学的、虽然只是论战性的表述。"①

《哲学的贫困》的论战性质是它的一个很大的优点，因为澄明本身即意味着去蔽。历史唯物主义正是在发挥自己的去蔽作用中，也就是在去除近代哲学和经济学所共有的理性形而上学之蔽中，才照亮了一条通往"历史科学"的道路。在这一点上，马克思本人在1880年回顾自己这部著作时也表达了类似的意思："为了给力求阐明社会生产的真实历史发展的、批判的、唯物主义的社会主义扫清道路，必须断然同意识形态的经济学决裂，这种经济学的最新的体现者，就是自己没有意识到这一点的蒲鲁东。"②

自马克思写下这段话至今，140多年过去了，这140多年间的经济学史证明，要同意识形态的经济学决裂是多么困难。因此，我们今天仍然需要《哲学的贫困》，因为它是一把钥匙，借助于它，可以开启《资本论》学说这门新科学的大门。

---

① 《马克思恩格斯选集》第2卷，人民出版社1972年，第84页。
② 《马克思恩格斯文集》第1卷，人民出版社2009年，第813页。

二、经济学的对象与《资本论》的对象的区别

任何一门科学的成立首先在于获得自己确定的对象领域，经济学既是一门科学，自然也是如此。那么，什么是经济学的对象呢？马克思在《哲学的贫困》第二章的开始部分以幽默而形象的文字提出了这一问题：

如果说有一个英国人把人变成帽子，那么，有一个德国人就把帽子变成了观念。这个英国人就是李嘉图，一位银行巨子，杰出的经济学家；这个德国人就是黑格尔，柏林大学的一位专任哲学教授。①

作为经济学家的李嘉图，他研究的对象是什么呢？他

---

① 《马克思恩格斯选集》第1卷，人民出版社1995年，第136页。

不研究人，他研究的是人的帽子。他本应当研究人的，因为经济生活是人的生活。但是，由于他先做了一件事，即把人变成帽子，或者说，把戴帽子的人归结为他所戴的帽子，这样，他就可以直接去研究帽子了，并且可以把对帽子的研究直接看作是对人的研究。这不是很荒谬吗？但在经济学看来，这不但不荒谬，而且正是经济学作为一门科学的前提。这里的"帽子"喻指经济范畴。说李嘉图把人变成帽子，就是说他把人变成了经济范畴。研究人的经济生活，就是研究经济范畴——经济学作为科学正是以此为前提的。

但是，经济范畴自身来自哪里呢？来自理性对现实中的社会物质生活的把握，而范畴乃是理性在把握现实时所固有的形式。这里便涉及到对经济学的认识论前提的讨论。

经济学的认识论前提源自近代西方的形而上学，所以，《哲学的贫困》的第二章的标题是"政治经济学的形而上学"。一谈到形而上学，便立即关涉到黑格尔的哲学，因为他的哲学是近代理性形而上学的集大成。黑格尔把理性对现实的把握不仅看作是人对现实的认识活动，而且看作是现实自身作为认识对象的形成。因为，在他看来，真

正的现实并不是那直接呈现给人的直观的现象。这也就是
说，理性的认识活动之对象（在黑格尔看来，这样的对象
才是真正的现实）原是由这个活动自身生产出来的。认识
不是反映现实的活动，而是生产性的活动，即首先生产出
真正的认识对象。理性认识的基本形式是范畴，所以，认
识的对象就是由范畴建构而成的现实。

　　与此同理，经济学的认识对象，即经济现实，就是由
经济范畴所建构的现实。所以，马克思说，当李嘉图（即
经济学）把人变成帽子（即经济范畴）时，黑格尔（即理
性形而上学）便把帽子变成观念（即经济范畴在理性中的
生成）。这样，作为"经济现实"的东西，就其存在而言，
就成了为经济范畴所建构的东西。经济学就是如此确立它
的对象领域的。

　　经济现实是什么？当然是指在现实中的一系列经济关
系。这一点不言而喻。但若进一步问：经济关系又是什
么？根据上面的讨论，答案应当是：经济关系乃指在经济
范畴中的关系。这也就是说，若把经济范畴拿掉则无经济
关系。例如，资本家与工人，他们的关系在什么情况下才
是经济关系呢？答：他们之间的关系，只在作为资本与雇
佣劳动的关系时，才是经济关系。资本和雇佣劳动是两个

经济范畴。资本家和工人本是两个有生命的、现实的个人，但是他们必须被置入到无生命的经济范畴中去，否则便构成不了经济关系。换言之，他们的现实生命，他们的现实生活，必须被看作是经济范畴的人格化。这也等于是说，现实的生活成了范畴之体现。

在此，我们看到了隐藏在经济学中的理性形而上学方法。就此，马克思在《哲学的贫困》中写道：

用这种方法抽去每一个主体的一切有生命的或无生命的所谓偶性，人或物，我们就有理由说，在最后的抽象中，作为实体的将是一些逻辑范畴。所以形而上学者也就有理由说，世界上的事物是逻辑范畴这块底布上绣成的花卉：他们在进行这些抽象时，自以为在进行分析，他们越来越远离物体，而自以为越来越接近，以至于深入物体。①

正是通过这种理性形而上学的方法，经济学才获得了自己的对象领域：经济关系。

---

① 《马克思恩格斯选集》第1卷，人民出版社1995年，139页。

　　但是，经济学始终把自己看作是一门实证的科学，也即排斥一切玄想和思辨，是一门只从事实出发的经验科学。经济学面对的事实就是经济事实。何为经济事实？就是在经济关系中的社会生活。既然经济关系是经济范畴之间的关系，那么，结论也就很清楚：一切经济事实都是由经济范畴建构起来的。例如，借贷是一个经济事实。这个事实是由这样两个经济范畴建构的：资本和利息。再如，资本家雇佣工人是一个经济事实，它同样是由经济范畴建构的：资本以工资的形态与劳动等价交换。其中含有这样两个经济范畴：工资和劳动。劳动在这里不是一个人类学概念，而是作为经济范畴的"劳动一般"。于是，事情很明了：所谓"从事实出发"，实则从范畴出发，从对现实生活的范畴规定出发。

　　价值、资本、利润、工资等都是经济范畴，正是通过这些范畴，经济学拥有了一个"经济事实"领域作为自己的研究对象。近代以来每一门科学的成立都是如此。每一门科学都通过自己的范畴而获得了作为自己的研究对象的事实领域。质点和力是牛顿物理学的基本范畴，物理学借此而从自然实在中获取了物理事实领域。权利和义务是法学的基本范畴，法学借此而从社会实在中获取了法的事实领域。由此可知，事实（如物理事实、化学事实、经济事实等等）都是由范畴建构起来的，一旦去掉这些范畴，这些事实也就消失了。

事实的消失并不是现实生活的消失。然而，人们通常总是在"事实"与"现实生活"之间画上等号，从而认为，对事实的描述即是对现实生活的描述。人们因此也就相信了包括经济学在内的一切社会科学作为经验科学而具有实证的性质。但是，在事实中却并不等于在现实生活中，而只是在对现实生活的范畴理解中。

以经济学为例，当我们把资本家雇佣工人作为一个经济事实来加以描述时，我们并不是在描述现实生活，而是在描述"工资"和"劳动一般"这两个范畴之间的关系。那么，什么才是现实生活呢？例如，在现在这个例子中，应当如何把"资本家雇佣工人"描述为现实生活本身呢？我们在马克思的《1844年经济学哲学手稿》中读到了这样的描述："资本家利用资本来行使他对劳动的支配权力。"①

在马克思的描述中，"雇佣"转变为"行使权力"。

---

① 《马克思恩格斯文集》第1卷，人民出版社2009年，第130页。

"雇佣"表达的是经济事实，即资本与劳动之间的等价交换；而"行使权力"表达的却是现实生活：以货币形态积累起来的过去的劳动（即资本）支配当下劳动（即劳动者的生命活动）。支配与被支配的关系，就是权力。权力不是理性的关系，而是感性的关系。这样，对同一件事情便有两种不同的说法。于是须问：其中哪一种说法才说出了事情的真相？是经济事实？还是那个在清洗了经济范畴之后才显露出来的人与人之间的感性关系？

现在，我们可以从上述对经济事实与感性关系所作的区分中引出这样一个重要的原则问题：什么是《资本论》学说的对象？

马克思在《哲学的贫困》一书中有如下论述：

既然我们忽略了生产关系（范畴只是它在理论上的表现）的历史运动，既然我们只想把这些范畴看作是观念、不依赖现实关系而自生的思想，那么，我们就只能到纯理性的运动中去找寻这些思想的来历了。①

———

① 《马克思恩格斯选集》第1卷，人民出版社1995年，第138页。

马克思的上述论述明确地提出了生产关系这一概念，把它同经济关系作了区分。经济关系是在经济范畴的规定中被把握到的生产关系。但生产关系本身则是范畴前的"感性关系"。这一区分意义重大，关系到对《资本论》学说之性质的理解。一门学说的性质是由其对象的性质所决定的。《资本论》同经济学在性质上的区分，源自它们的对象的不同。经济学的对象是经济关系，《资本论》的对象是生产关系。

或问：经济关系难道不就是生产关系吗？经济学向来不就是一门关于生产关系的科学吗？理由很简单：经济学研究的不是商品的使用价值，即它不研究特定的使用价值的制作过程，不研究生产力本身，否则它就成了工艺学或技术科学。它研究的是商品的交换价值之生产和实现，即研究"财富一般"在其中形成和增长起来的那些社会关系。而这些社会关系不就是生产关系吗？

若把经济关系看作是对生产关系的表达，那么，两者在现实中便是同一个东西。不过，一旦用到"现实"这个概念，更加困难的问题随之而来：何为"现实"？这里立刻就要求区分马克思的现实概念与黑格尔的现实概念。

按照黑格尔，现实的东西就是本质的东西，而不是现成地放在我们面前的现象。这也就是说，现实不是一眼就能看到的东西。现实之被发现，乃是认识活动依其固有的理性形式（范畴是其最基本的形式）所做成的第一件事。这一点是我们在前面已经谈到的：认识是对真正的认识对象即现实的生产。

应当注意，黑格尔哲学的这条原则并非简单地等同于谬误，其中有真理的因素。这个真理就是：现实的东西并非现成地被给予主体，现实不是自在地存在，不是直接性，它是离不开主体之建构的，或说，它是被主体生产出来的。只是当主体被规定为认识主体，而生产被规定为认识活动时，黑格尔哲学的谬误才必须被指认——现实世界因此成了思想的世界、原理的世界。现实，对于黑格尔来说，是由理性建构的。理性既是人的认识活动，又是认识活动固有的形式，更是现实的构造本身。这就是所谓认识论、逻辑学和形而上学的三者同一。黑格尔的现实概念的存在论涵义（实体即主体）就是这样确立的。

马克思的现实概念，在其形而上学的根基上，代表了对黑格尔的现实概念的批判，但是这个批判并没有抛弃黑格尔的思想成果。马克思同样认为现实是由主体建构的，也就是说，他同意这样一点：现实并不是自在地存在的。

问题的关键在于，那建构现实的主体是什么？马克思反对黑格尔把主体规定为先验的、在历史性之外的理性，反对把对现实的生产理解为建构现实的思想运动。他在《哲学的贫困》中指出："他（指黑格尔）以为他是在通过思想的运动建设世界；其实，他只是根据绝对方法把所有人们头脑中的思想加以系统的改组和排列而已。"①在黑格尔那里，那建构了现实的"生产"，乃是理性自身的绝对方法。黑格尔在《逻辑学》中写道："方法是任何事物所不能抗拒的一种绝对的、唯一的、最高的、无限的力量；这是理性企图在每一个事物中发现和认识自己的意向。"②这就说得很明了：现实是由理性依其自身的绝对方法（思想运动的公式）在诸事物中逐一达到自我认识的产物。这就是黑格尔的生产概念。

马克思坚决地批判了黑格尔的主体概念和生产概念，他指出，真实的主体乃是处在人与人之间的感性交往之中的"现实的个人"（这个概念见于他和恩格斯合著的《德意志意识形态》），而真实的生产则是那个使自然界人化的社会物质生产运动，这个运动是作为感性历史，而不是

① 《马克思恩格斯选集》第1卷，人民出版社1995年，第141页。
② 《马克思恩格斯选集》第1卷，人民出版社1995年，第139页。

思想史的实践活动，即，不是超历史的认识活动。对此，
可以参阅马克思在《1844年经济学哲学手稿》中这样的
话："工业的历史和工业的已经生成的对象性存在，是一
本打开了的关于人的本质力量的书"①。

因此，根据马克思的哲学境域，真正的现实，乃是由
世代相续的现实的个人的感性的历史活动所建构起来的
"感性自然"与"感性社会"。这里，感性自然对举于抽象
自然，感性社会对举于观念社会。

马克思的现实概念与黑格尔的现实概念之区分既明，
则生产关系与经济关系的区分也就随之明了：生产关系指
示的是在人与自然的关系中的人与人之间的感性交往关
系，而经济关系指示的则是人与人之间的感性交往通过范
畴抽象而形成的逻辑关系。对这种逻辑关系的研究，是经
济学的主题。

在《哲学的贫困》中有如下三段话明确地表达了这两
者的区分：

经济范畴不过是生产的社会关系的理论表现，即其抽

---

① [德]马克思：《1844年经济学哲学手稿》，人民出版社1985年，第84页。

象。真正的哲学家蒲鲁东先生把事物颠倒了，他认为现实关系只是一些原理和范畴的化身。这位哲学家还告诉我们，这些原理和范畴过去曾睡在"无人身的人类理性"的怀抱里。①

经济学家们都把分工、信用、货币等资产阶级生产关系说成是固定的、不变的、永恒的范畴。②

经济学家们向我们解释了生产怎样在上述关系下进行，但是没有说明这些关系是怎样产生的，也就是说，没有说明产生这些关系的历史运动。③

马克思的这些论述指出：生产关系才是真正的现实关系，而经济关系则是被置入到非时间的经济范畴中的生产关系。由于范畴是非时间的，即永恒的，所以经济关系便是永恒的。这种永恒的关系当然不是由感性的历史运动带来的，它源自理性，因此是非历史的。但是，非历史的关

---

① 《马克思恩格斯选集》第1卷，人民出版社1995年，第141页。
② 《马克思恩格斯选集》第1卷，人民出版社1995年，第137页。
③ 《马克思恩格斯选集》第1卷，人民出版社1995年，第137—138页。

系不是现实的生产关系。

日常的言说经常不区分经济关系与生产关系。当我们谈论经济关系时，我们以为正在谈论生产关系，但实际上是在运用经济范畴，并未触摸到生产关系本身。经济学家们每每也言说"生产关系"，但是，被经济学家们所言说的生产关系其实都是经济关系，因为他们把对感性的生产关系的范畴抽象当成了现实本身。

正是在此原则重要的意义上，我们必须说，唯有马克思才是第一个发现了生产关系的人。只是由于生产关系的发现，一门不同于经济学的关于资本主义的历史科学才得以形成。这门科学就是《资本论》学说。

但是，为什么在马克思之前没有人能够发现生产关系呢？对生产关系的发现要求突破作为事实的经济现实而进入作为事情本身的物质生活关系。这种突破以哲学上的革命为前提。马克思发动了哲学革命，而革命的成果就是历史唯物主义。

历史唯物主义的第一个伟大洞见，就是发现了生产关系本身是由人类改变自然的物质生产活动生产出来的。马克思在《哲学的贫困》中写道：

　　经济学家蒲鲁东先生非常明白，人们是在一定的生产关系中制造呢绒、麻布和丝织品的。但是他不明白，这些一定的社会关系同麻布、亚麻等一样，也是人们生产出来的。社会关系和生产力密切相联。随着新生产力的获得，人们改变自己的生产方式，随着生产方式即谋生的方式的改变，人们也就会改变自己的一切社会关系。手推磨产生的是封建主的社会，蒸汽磨产生的是工业资本家的社会。①

　　这就是说，人类的物质生产活动有两个产品，一个是物质生活资料，一个是人与人的关系。人与人的关系不是从天上掉下来的，不是神意的结果，也不是人类理性的产物，即不是如康德所说的"理性的实践用法"。实践是指创立或改变社会关系的活动。实践活动的领域，在康德和黑格尔看来，在理性的范围内；在马克思看来，则在感性的范围内，实践是感性的活动。

　　社会关系有种种，其中有一种关系是其他一切社会关系的基础，这种关系就是生产关系。按照历史唯物主义，

① 《马克思恩格斯选集》第1卷，人民出版社1995年，第141—142页。

生产关系是由在与自然界的关系中从事生命活动的人们生产出来的。这种生产不是头脑的理性活动，而是实际地改变自然物的感性活动。由于感性活动从来都不可能是单个人面对自然界的活动，它就始终是一定的人们的共同活动。人们在改变自然的共同活动中建立起一定的相互关系，也即建立起共同活动的方式，而这就是生产关系（共同活动方式）之生产。因此，离开人与自然界的感性关系（生产力），就没有人与人之间在生产中的相互关系（生产关系）。这就是所谓"社会关系和生产力密切相联"。马克思的这一表述，第一次明确了生产关系在其本体论的性质上是感性社会，而不是经济逻辑。

在经济逻辑中，生产关系的感性存在被抽象了，通过抽象，生产关系成了物质利益关系的理性形式。这种抽象的产物，就是一系列经济范畴及其相互之间的逻辑关系的确立，这是经济学在其发展过程中所走的第一步。第二步是进一步把诸经济范畴及其逻辑关系做成一个"思想的具体"。所谓"思想的具体"，即马克思所说的："抽象的规定（即范畴）在思维的行程中导致具体的再现"①。当经

① ［德］马克思：《〈政治经济学批判〉导言》，《马克思恩格斯选集》第2卷，人民出版社1972年，第103页。

济学完成其第二步时，它便把资本主义生产之总体做成了一个在逻辑上自洽的范畴系统。当经济学达到这一点时，它便产生了一个幻觉，以为现实中的资本主义体系自身也是一个自洽的系统。在这种幻觉中，经济学拥有了自身作为一门科学的骄傲：正是并且只是通过它的理论，资本主义的自洽性才得以被认识和揭示；而这门科学的重大的现实意义就在于，通过它，现实中的经济危机的根源才得以被揭示，因为经济危机根源于人们在实际的经济行为中背离了本来在逻辑上自洽的经济系统。因而，对经济危机的克服，不是别的什么事情，而是根据那个通过经济学已被阐明的范畴体系去纠正现实的经济活动对这个体系的偏离。

然而，在现实中，经济危机的爆发，每一次都展开为你死我活的社会斗争，即展开为人与人之间异常激烈的感性对抗和感性冲突，并且每一次都超出经济逻辑的范畴而成为政治上的搏斗。这是历史一再地呈现在我们面前的真相。这种真相所显示给我们的恰是一幅与经济学的描述完全不同的图景，在这个图景里，资本主义在现实中的非自洽性一览无余。而揭示资本主义的非自洽性及其根源，正是《资本论》学说的主题。

　　《资本论》之所以能够抓住这个主题，正是因为它是历史唯物主义在科学上的体现，因而，它从一开始就明确了自己的对象之不同于经济学的对象。由于以生产关系为对象，马克思的《资本论》学说，作为"政治经济学批判"学说，其首要的工作，便是要求把经济关系还原为生产关系。还原之法，就是褫夺对生产关系的范畴规定，使其返回作为感性关系之本来。由此就不难理解，《资本论》是一门从事经济范畴之批判的学说。它不仅不从经济范畴出发，而且要求揭示这些经济范畴本身的感性来历。再进一步的工作，就是去揭示经济范畴的这些感性来历本身又是如何由于它们彼此之间的感性对抗，而转化成为约束并遮蔽对抗的经济规律的。

　　通过如此解读《哲学的贫困》，我们可以推断，在《资本论》学说中至少需要做三个层面上的批判性工作。第一个层面就是从经济事实中找出把这些事实建构起来的范畴，然后加以排除，以便把经济事实还原为人的感性生活。第二个层面就是把经济范畴本身看作是感性实践的历史产物，即去说明每一个经济范畴在感性活动中的来历，也即说明它的非理性的起源。第三个层面就是阐明这些经济范畴如何因其非理性的历史出身（即"那种构成这些范畴并且同这些范畴分不开的对抗"①）而转化为规约经济行为以便限制对抗的"经济规律"。

这三个层面的工作，都是为了使生产关系本身真正成为研究的对象而必须做的批判性工作。这些批判性工作在方法论上有一个共同的特征，那就是始终贯彻历史性原则。

---

① 《马克思恩格斯选集》第1卷，人民出版社1995年，第155页。

三、经济学方法的非历史性与《资本论》方法的历史性

　　理论对象的不同，直接地就意味着研究方法的不同。任何一门学说的方法都是由其对象的性质所决定的。上面的讨论已经指出经济关系与生产关系二者具有不同的性质，这二者虽然都可以被看作是"现实的"东西，但由于对"现实"的不同的本体论理解，它们还是两个不同的东西：一为经济现实，一为生活现实。

　　由于经济学和《资本论》学说所面对的是不同的现实，所以，它们在理论与对象的关系问题上也就具有了完全不同的特征。而所谓理论与对象的关系，也就是我们在这里所要讨论的学说之方法。每一门学说都是通过明确自己的理论与自己的对象之间的关系，才形成自己的方法的。我们先来看一下经济学，看一看它的理论与它的对象之间的关系，也即看一下经济学的方法。关于这一点，马

克思在《哲学的贫困》中写道:

> 经济学家们的论证方法是非常奇怪的。他们认为只有两种制度:一种是人为的,一种是天然的。封建制度是人为的,资产阶级制度是天然的。……经济学家所以说现存的关系(资产阶级生产关系)是天然的,是想以此说明,这些关系正是使生产财富和发展生产力得以按照自然规律进行的那些关系。因此,这些关系是不受时间影响的自然规律。这是应当永远支配社会的永恒规律。于是,以前是有历史的,现在再也没有历史了。①

任何一门学说在一开始就须论证自己的对象的基本性质。经济学既以资产阶级经济制度为研究对象,就必须说明这种制度的性质。经济学把经济制度分为两种类型,一种是"人为的",一种"天然的"。它把封建制度列入"人为类型",而把资产阶级制度列入"天然类型"。这种做法确实是"非常奇怪的"——如果制度不是由人所创造,那它来自哪里呢? 蒲鲁东代经济学回答了这个问题。马克思

---

① 《马克思恩格斯选集》第1卷,人民出版社1995年,第151页。

在《哲学的贫困》中转引了蒲鲁东的原话：

　　哲学家蒲鲁东先生告诉我们："我们说什么东西出现
或者什么东西生产出来，这种说法是不确切的，无论是在
文明中还是在宇宙中，自古以来一切就存在着、活动
着……整个社会经济也是如此。"①

　　蒲鲁东的这个表述是一个典型的形而上学表述，没有
什么"出现"或"生产出来"，这是一个关于"一切事物
的本质都是非时间性的"表述。"整个社会经济"这一事
物的本质因此也是非时间性的。那么，这种非时间性之存
在的居所在哪里呢？马克思概述了蒲鲁东对这个问题的
认识：

　　我们且沿着这条迂回曲折的道路跟蒲鲁东先生走
下去。
　　假定被当作不变规律、永恒原理、观念范畴的经济关
系先于生动活跃的人而存在；再假定这些规律、这些原

---

① 《马克思恩格斯选集》第1卷，人民出版社1995年，第147页。

理、这些范畴自古以来就睡在"无人身的人类理性"的怀抱里。我们已经看到,在这一切一成不变的、停滞不动的永恒下面没有历史可言,即使有,至多也是只是观念中的历史,即反映在纯理性的辩证运动中的历史。①

按照蒲鲁东的认识,整个社会经济的规律、原理、范畴的居所是"无人身的人类理性",因此,它们都不是人的活动的产物,相反地,是规范着人的活动的无人身的东西。这种东西被称为"人类理性",却同时又是"无人身的",所以,它实际上就是黑格尔讲的"绝对理性"。绝对理性不在时间中,所以,资本主义经济关系也不在时间中。

资本主义经济关系既然不在时间中,它就是永恒的东西,即非历史的东西。因此,以它为对象的经济学理论自身也具有非历史的性质。这是一门非历史的科学,由这门科学的理论所揭示的经济规律是"不受时间影响的自然规律",是"应当永远支配社会的永恒规律"。一句话,在经济学中历史终结了。在此之前曾经是有历史的,但这个

---

① 《马克思恩格斯选集》第1卷,人民出版社1995年,第147页。

"历史"无非表明了理性曾经不在场，也即表明了人类曾经的迷误。

经济学以理性的科学自居，因此在它看来，在前资本主义的历史阶段上，人类的各种经济生活方式，如奴隶制、封建制等等，都不是理性的存在者，因而都不可能是科学的对象，因为它们的基础是人与人之间的等级关系，即人身依附关系。这些关系的存在方式是非理性的，它们从属于主观任性和武断，而其演变过程也一样是非理性的，即从属于力量争斗及其结果的偶然性。因此，对于这类关系无法形成一门科学。例如，在封建主义时期，就不可能有经济学，至多有簿记学。这样，经济学便以如下想法作为自己的前提：资本主义是人类在经过了在迷误中的漫长历史之后终于找到的唯一合理的经济制度，因为它符合"人类社会固有的理性"。

这样，人类社会的进程就由资本主义的诞生来划界了。在资本主义之前，人类是有历史的，有过奴隶制，也有过封建制或其他什么，这是因为人类社会固有的理性还未被发现。这种理性一旦被发现，也即资本主义的经济制度一旦确立起来，历史就终结了。

由于历史的终结，经济学不把自己的对象看作是历史的东西，它不去追问这些对象的产生过程，这样它就认为，它自身作为理论，与自己的对象之间的关系，是在纯粹的理性中的本质关系。至于对象在现实生活中的实际呈现方式，则包含了对这种本质关系的偏离和遮蔽，是应当予以去除的"非理性的因素"。然而它不知道，正是这些它要在它的对象身上排除的"非理性的因素"，恰恰表明了它的对象原本是历史性存在。由于经济学不知道这一点，所以，它对现实关系所作的理论描述始终以范畴抽象为原则，而范畴抽象其实就是抽掉现实关系本有的非理性的历史性。这种非历史的抽象之法，就是经济学方法的基本原则。

与经济学方法的非历史性相对立，《资本论》学说的方法论正是在历史性原则之中的。《资本论》的对象是"生产关系"，即由欧洲社会的历史运动所建构起来的"资本主义生产关系"，因此，把握这一对象的感性的、逻辑前的历史起源和历史演变，就是《资本论》理论与它的对象之间的关系的首要原则。

这一原则在《哲学的贫困》对资本主义生产关系的历史起源进行讨论时得到了体现：

　　封建主义也有过自己的无产阶级，即包含着资产阶级
的一切萌芽的农奴等级。封建的生产也有两个对抗的因
素，人们称为封建主义的好的方面和坏的方面，可是，却
没想到结果总是坏的方面压倒好的方面。正是坏的方面引
起斗争，产生形成历史的运动。假如在封建主义统治时
代，经济学家看到骑士的德行、权利和义务之间美妙的协
调、城市中的宗法式的生活、乡村中家庭手工业的繁荣、
各同业公会、商会和行会中所组织的工业的发展，总而言
之，看到封建主义的这一切好的方面而深受感动，抱定目
的要消除这幅图画上的一切阴暗面——农奴制度、特权、
无政府状态，那么结果会怎样呢？引起斗争的一切因素就
会灭绝，资产阶级的发展在萌芽时就会被窒息。经济学家
就会给自己提出把历史一笔勾销的荒唐问题。①

　　确实，在封建主义时期，人们也能看到其生产关系曾
有的和谐、繁荣的状况，据此，人们不是也完全可以把封
建主义生产关系看作是出自人类社会固有的理性吗？而理
论的任务不也就是要把封建主义中偏离理性的东西消除掉

---

① 《马克思恩格斯选集》第1卷，人民出版社1995年，第152页。

吗？如果真能消除掉这一切非理性的东西，从封建主义到资本主义的转变这一历史不也就被一笔勾销了吗？但是，历史还是感性真实地展开了，美妙的封建主义还是被现实的感性的历史运动粉碎了。马克思就此写道：

> 资产阶级得势以后，也就谈不到封建主义的好的方面和不好的方面了。资产阶级把它在封建主义统治下发展起来的生产力掌握起来。一切旧的经济形式、一切与之相适应的市民关系以及作为旧日市民社会的正式表现的政治制度都被粉碎了。……这难道不是说，生产方式，生产力在其中发展的那些关系，并不是永恒的规律，而是同人们及其生产力的一定发展相适应的东西，人们生产力的一切变化必然引起他们的生产关系的变化吗？[①]

这里，马克思明确地说出了生产关系的历史性。例如封建主义的生产关系，它只是适应当时的生产力的经济形式，而非来自人类社会经济的固有理性。生产关系的历史性源自它的感性内容即生产力所固有的历史性。生产力是

---

① 《马克思恩格斯选集》第1卷，人民出版社1995年，第152页。

人与自然界的感性交往，这种交往的每一个成果（文明的
果实）都是在前一代人的活动的基础上形成并进一步发展
的。这就是生产力的必然的历史发展，即生产力的历史
性。因此，历史性的生产力在其中运动和发展的社会关
系，即生产关系，就必定也是历史性的。这里没有什么神
秘的东西。反过来的想法，即认为生产关系是加到历史
的、感性的生产力上去的永恒的理性形式（即经济关系），
倒是非常神秘的。所以，马克思写道：

> 由于最重要的是不使文明的果实——已经获得的生产
> 力被剥夺，所以必须粉碎生产力在其中产生的那些传统
> 形式。①

始终根据生产关系的历史性来讨论每一种经济形式，
这构成了《资本论》学说的方法论特征。这一特征在《哲
学的贫困》对蒲鲁东的一些具体观点所进行的批判中都得
到了体现。这里仅以马克思对蒲鲁东的地租理论所作的批
判为例子。

---

① 《马克思恩格斯选集》第1卷，人民出版社1995年，第152页。

地租来自土地所有权，这一点没有疑问。但是如果仅仅把握到这一点，也就是说，如果遗忘了土地所有权由于社会总的生产关系的不同的历史形式而具有不同的历史特性，那么，这一把握就是全然抽象的。在这种抽象的把握中，"地租"就会被看作是一个永恒的经济范畴，即一个适合于一切时代的经济形式。所以，马克思在批判蒲鲁东的地租理论（见《哲学的贫困》第二章第四节）时，一开始就指出：

在每个历史时代中所有权是以各种不同的方式、在完全不同的社会关系下面发展起来的。……要想把所有权作为一种独立的关系、一种特殊的范畴、一种抽象的和永恒的观念来定义，这只能是形而上学或法学的幻想。①

蒲鲁东的地租理论正是从这种形而上学的幻想出发的。马克思在书中转引了蒲鲁东的原话如下：

租就是付给永存不灭的资本即土地的利息。但是由于

① 《马克思恩格斯选集》第1卷，人民出版社1995年，第177—178页。

这种资本不能在物质成分上有所扩大，只能在使用上不断改进，所以，虽然贷款的利息或利润由于资本充斥而有不断下降的趋势，但租将由于工业的更加完善和由此造成的土地使用方法的改进而有不断上升的趋势……这就是租的实质。①

蒲鲁东的这番议论，是对经济形式（在这个例子中是地租）进行非历史的抽象讨论的一个典型。它听上去非常合理：土地作为由大自然所赐的生产资料，是不可能增多的，而货币在市场上的投放量是会增多的，这一区别就规定了地租有不断上升的趋势，而贷款的利润则有不断下降的趋势。这在逻辑上确实有理。但是，蒲鲁东在这里混淆了两个不同的东西，一个是土地资本，一个是土地所有权，他在这两者之间画了等号，从而把地租看作是由土地资本所带来的利息和利润。但是土地资本是指用于经营农业的资本，这种资本并不是土壤本身，与其他类型的资本一样，它的利润和利息来自雇佣劳动者（在这里是农业工人）所提供的剩余劳动。马克思说得分明：

----

① 《马克思恩格斯选集》第1卷，人民出版社1995年，第185页。

土地资本的代表不是土地所有者而是租佃者。土地作为资本带来的收入不是租而是利息和产业利润。有些土地产生这种利息和这种利润，但不产生租。

总之，土地只要提供利息，就是土地资本，而作为土地资本，它不提供租，不构成土地所有权。租是经营赖以进行的社会关系产生的结果。它不可能是土地所具有的多少是稳固的持续的本性的结果。租来自社会，而不是来自土壤。①

在前资本主义阶段，（地）租也来自社会，但那是封建主义社会。在那个社会里，土地所有权本身是整个社会经济的基础和核心，所以，在那里，地租是由土地所有权直接规定的，因而看上去就像是土壤自身的固有属性。但是，欧洲社会在其自身的历史运动中改变了，以资本（即以货币形态存在的积累起来的"劳动一般"）的所有权为基础和核心的资本主义社会到来了，于是，原先作为土地所有权本身的直接产物（即在土地贵族的等级权力中被直

① 《马克思恩格斯选集》第1卷，人民出版社1995年，第187页。

接占有的剩余劳动）的地租，便完全改变了性质，它成了农产品价格在资本主义市场竞争中超出社会总资本的平均利润的余额部分。它当然仍然来自土地所有权，但马克思把这种所有权称为"从属于资产阶级生产条件的封建所有权"，也就是说，土地所有权在资本主义条件下获得了新的历史形态，而作为其产物的地租也就相应地改变了性质。

马克思在《哲学的贫困》中对资本主义地租有一段精辟的描述：

租并不把人束缚于自然，它只是把土地的经营同竞争连在一起。土地所有权一旦构成租，它本身就成为竞争的结果，因为从这时起土地所有权就取决于农产品的市场价值。作为租，土地所有权变成动产，变成一种交易品。只有在城市工业发展和由此产生的社会组织迫使土地所有者只去追求商业利润，只去追求农产品给他带来的货币收入，迫使他最终把自己的土地所有权看成是为他铸造货币的机器后，才可能有租。租使土地所有者完全脱离土地，脱离自然，他甚至不需要了解自己的领地，正像在英国那样。……因此反动势力便发出悲叹，祈求回到封建主义，回到美好的宗法式生活里，恢复我们祖先的淳朴的风尚和伟大的德行。土地也服从于支配任何其他产业的那些规律，这就是而且也永远是私利哀悼的对象。因此，可以说，租成了将田园生活卷入历史运动的动力。[①]

　　这就是资本主义地租。资本主义地租意味着土地服从了资本的运动，也即土地所有权本身成了动产。这一点充分体现了资本主义形成时期的历史过程，这个过程就是动产战胜不动产的过程，也就是作为自由资本的货币权力战胜等级贵族的土地权力的过程。可见，地租从来不是一个超历史的经济范畴，不是一种永恒的经济形式，因而，蒲鲁东把它作为经济范畴而做的那个推论——地租有不断上升的趋势——是无效的。马克思对这个推论作了这样的回应：

　　在蒲鲁东先生看来，"土地使用方法的改进"（"工业更加完善"的后果）是租不断上升的原因。其实恰恰相反，这种改进迫使租周期地下降。……由于这些改良，租佃者可以避免用更多的劳动量获得比较少的产品。这时，

---

① 《马克思恩格斯选集》第1卷，人民出版社1995年，第183页。

他不需要耕种劣等地，他在同一块土地上的连续投资可以
保持相同的生产率。因此，这些改良不但不能像蒲鲁东先
生所说的那样不断提高租，它们反而成为租上升的暂时
障碍。①

　　从马克思对蒲鲁东的回应中可以看到，在地租理论
上，有两种不同的方法，蒲鲁东的方法是范畴抽象方法，
马克思的方法是历史定义方法。这两种方法，是哪一个揭
示了这种理论的对象即地租的真相？在现实生活中，试看
在资本主义时代，土地所有权仍然是不动产吗？还是它早
已成了动产，成了交易品呢？

　　但是，以理性科学自居的经济学恰恰认为，它关于它
自己的对象的一切理论都应当排除在它的对象身上的一切
历史因素，因为，正是那些历史因素才使得它的对象成为
一种偶然的东西，而不是科学的对象。历史因素被认为是
与理论的科学性相左的东西。

　　现在还当进一步追问：经济学的上述科学信念本身又
是从哪里来的？

----

① 《马克思恩格斯选集》第1卷，人民出版社1995年，第187—188页。

答案：来自经济学的核心范畴——价值。

在经济学讨论的所有经济范畴中，价值是一个基础的和核心的范畴。一切其他范畴，例如工资、地租、成本、利润、利息等等，都是这个范畴的衍生物。马克思在《资本论》中称价值形式为"经济的细胞形式"。整个资本主义经济过程的总目标就是这个"细胞形式"的增殖，即剩余价值。

价值是什么？无非就是劳动产品的商品形式。商品形式是凝结在劳动产品（即使用价值）上的社会关系之一种。在劳动产品上向来总有社会关系。在奴隶制时代，这种关系就是奴隶主对劳动产品的全然排他的占有权。在封建制时代，这种关系就是由土地的封建所有权所带来的贵族地主对劳动产品的等级占有权（劳役地租、实物地租或货币地租）。一旦在劳动产品身上居主导地位的社会关系是商品形式时，这就昭示着资本主义的到来。而资本主义的完成形态，即意味着一切产品同时都是商品（最后，连莫扎特的音乐作品也不能例外）。

至此，资本主义最终确立，劳动产品的自然属性固然总还是使用价值，但它的社会属性却只能是价值了。现在，我们就来对一切劳动产品的这个唯一的社会属性——

价值——的起源和特性进行讨论。

　　劳动产品的"价值"属性的内涵是什么？无非意谓：彼此独立的个人在市场上平等交换其所拥有的作为不同的使用价值的产品。由于不同的使用价值之间没有可以通约的量，也即它们之间无法"平等"，所以它们之间的平等交换就取决于能否找到一种可通约的、同质的量，这种量能够扬弃它们（使用价值）之间的感性差异。这个同质的量，就是花费在劳动产品之生产上的社会必要劳动时间。这样，对生产使用价值的具体劳动进行抽象就是必然的了，也即在扬弃使用价值的感性具体性的同时，扬弃具体劳动的感性特质，使其成为"劳动一般"，也即成为抽象劳动。而产品交换便成为抽象劳动的量之间的平等交换。这里，就有了同质的东西了，但是，此"同质"之质并不是"质"，而只是这个"抽象本身"罢了。

　　人类的劳动产品向来总是社会的产物，因此在它们身上本具社会属性，这一点毋庸置疑。现在，这社会属性被彻底地抽象为商品的"价值"了，并且，由于它能够被量化，这社会属性便成了一种抽象的物，即货币。而这就是人的劳动（属人的生命活动）之物化，以及人们在资本主义现实中的感性交往之为物所统治（拜物教）。

以上这些分析都可以在马克思的《1844年经济学哲学手稿》和《资本论》中读到，但是不可能在经济学理论中读到，因为经济学的思想前提是，独立的个人在市场上的平等交换，是理性本身所要求的，是理性在社会经济生活中对于非理性因素的最终胜利。因此，在这之前的历史是非理性的，是一场过于漫长的谬误。现在，谬误终结了，出自理性自身的经济范畴——价值——终于成了规范人类整个物质利益交往关系的普遍法则，它符合永恒的正义。

经济学看上去并没有错，价值范畴在今天的资本主义现实中难道不是人们之间的物质交往所遵循的普遍规范吗？也就是说，它不仅是一个观念，而且就是现实本身。而这个范畴所隐含的前提不正是如今人人都认同的"独立的个人及其平等关系"吗？但是，我们还是要像马克思那样追问：这种"独立的个人"是从哪里来的？也即时下普遍被遵奉的个人主义原理是从哪里来的？是来自理性的觉醒，还是来自社会历史运动？这是一个哲学上的重大问题。对于这个问题，马克思在《哲学的贫困》中给出了一个鲜明突出、令人印象深刻的论述。我们完整地引述如下：

每个原理都有其出现的世纪。例如，权威原理出现在11世纪，个人主义原理出现在18世纪。因而不是原理属于世纪，而是世纪属于原理。换句话说，不是历史创造原理，而是原理创造历史。但是，如果为了顾全原理和历史我们再进一步自问一下，为什么该原理出现在11世纪或者18世纪，而不出现在其他某一世纪，我们就必然要仔细研究一下：11世纪的人们是怎样的，18世纪的人们是怎样的，他们各自的需要、他们的生产力、生产方式以及生产中使用的原料是怎样的；最后，由这一切生存条件所产生的人与人之间的关系是怎样的。难道探讨这一切问题不就是研究每个世纪中人们的现实的、世俗的历史，不就是把这些人既当成他们本身的历史剧的剧作者又当成剧中人物吗？但是，只要你们把人们当成他们本身历史的剧中的人物和剧作者，你们就是迂回曲折地回到真正的出发点，因为你们抛弃了最初作为出发点的永恒的原理。①

对于这个哲学上重要的问题，马克思的解答是分明的：原理与世纪之间在历史上的对应关系，是不能用原理

① 《马克思恩格斯选集》第1卷，人民出版社1995年，第146—147页。

本身来加以说明的，因为从与时间无关的理性自身中固然推论不出它的某一条法则应当出现在哪个世纪。因而，历史是无法被原理扔掉的。这也就等于说，原理并不能创造历史。那么，历史的创造者是谁？是在现实生活中的人们，是他们的感性活动在其中展开的一定的生存条件（一定的生产方式），是他们在这些一定的生存条件中创造出来的他们之间的关系。这些关系一旦由他们创造出来，便成为支配着在一定的历史阶段上的社会经济生活的普遍法则，也就是说，这些关系上升为"原理"了，现实生活中的人们因此都被这些原理所规范了。全部问题的要点至此便清楚了：人们自己创造出限定自己、规约自己的社会关系及其观念。作为创造者，他们是历史剧的剧作者；作为被规定者，他们又是他们自己所创造的历史剧中的人物。结论因此就是：不是原理创造历史，而是历史创造原理；不是世纪属于原理，而是原理属于世纪。而这才是讨论价值范畴之根源的真正的出发点。在此出发点上，价值范畴并不来自"永恒的原理"，而是一个历史性的事物，是社会历史运动的产物。

但蒲鲁东没这么看。在他看来，历史剧的剧作者是绝对的永恒的理性，这个理性在人间的代表是"社会天

才"——"经济范畴本身是人类理性、社会天才所发现和
揭示出来的真理"。"社会天才的任务是发现完备的真理、
完整无缺的概念、排除二律背反的综合公式。"①马克思嘲
笑蒲鲁东把自己当成了这个由他自己所设想出来的社会天
才（或称"人类理性"）的代言人："通过蒲鲁东之口讲
话的社会天才"。这个社会天才终于完成他的任务，即发
现了能排除一切二律背反的唯一的综合公式，这个公式就
是："构成价值"。一切矛盾的克服，全部的问题的解决，
全系于价值之构成。价值如何构成？由平等构成。没有平
等，就没有价值。换言之，没有平等，就没有财富（在资
本文明中，财富的内容不是使用价值，而是用货币来代表
的价值）。所以，"平等是蒲鲁东先生的理想。他以为分
工、信用、工厂，一句话，一切经济关系都仅仅是为了平
等的利益才被发明的……肯定平等的就是每个经济关系的
好的方面，否定平等和肯定不平等的就是坏的方面。每一
个新的范畴都是社会天才为了消除前一个假设所产生的不
平等而作的假设。总之，平等是原始的意向、神秘的趋
势、天命的目的"②。

---

① 《马克思恩格斯选集》第1卷，人民出版社1995年，第148页。
② 《马克思恩格斯选集》第1卷，人民出版社1995年，第150页。

从蒲鲁东的上述看法可以见到，他是抓住了资本主义经济体系的核心范畴即"价值"的。但是他仅仅把价值当范畴看，从而认为它源自人类理性的怀抱。他不知道，价值范畴是对社会中的不同劳动之间的感性交往之特定的历史形式的抽象。他抓住了抽象，抛弃了历史。他不知道，这个抽象原是历史运动的产物，其现实内容就是历史地形成起来的抽象劳动对具体劳动的统治。由于抛弃历史，他就只能就抽象本身看抽象。由于只就抽象看抽象，他便从中看到了理性自身的目标：平等。价值范畴之抽象的逻辑的内涵，确实是平等，即所谓"市场平等"。市场平等不也正是今天的许多经济学家大谈特谈的目标和原则吗？他们和蒲鲁东一样认为平等即是价值之构成，也即市场平等是社会财富（社会总资本）增长的保证。因而，在现存的每一种经济关系中，凡不好的一面，就是破坏了这个平等的一面；好的一面，就是维护了这个平等的一面。看来，蒲鲁东的谬误并没有过时，而且也不是一个专属于他个人的谬误。

平等的前提是个人的独立，即形成原子式的抽象个人。这种抽象个人是来自人类理性自身的"最高的假设"（蒲鲁东语），还是来自欧洲封建社会晚期的社会斗争，即

新兴的资产阶级打破贵族等级统治的斗争？关于欧洲历史
上的这场社会斗争，我们在前面已通过引述马克思在《哲
学的贫困》中的论述而展开了讨论，此处不再重复。总
之，结论就是，不是个人主义原理造就了18世纪，而是普
遍展开新兴的生产方式的18世纪造就了个人主义原理。只
是在个人主义原理自身的范围内，平等才得以成为由理性
所规定的最高理想。一旦离开这个原理而进入现实生活，
即可看到现实生活恰恰成了对这个理想的讽刺画。基于个
人主义原理而做理论的经济学家们，相信了这个超历史的
理想。但是，他们不得不看到这个理想总是实现不了，于
是就只能将之归因于现实经济运动对理性法则的背离，同
时却又无法说明这个背离。然而，恰恰正是这个在现实中
的"背离"本身，足以道出经济学的方法因其本身的非历
史性而固有的虚幻性质。

四、经济学的抽象实证主义与《资本论》学说的革命性质

当我们指出经济学方法的虚幻性质时，一定会引起来自经济学本身的抗议。经济学是一门科学，而且是一门实证的科学，其原则正是在于反对来自思辨的幻想而主张从事实出发。经济学的方法是实证主义的。什么是实证主义的方法？第一步就是要获得来自生活的材料，如马克思所说的，"经济学家的材料是人的生动活泼的生活"[①]。但是生活的材料本身还不是经济学的对象，因此，需要第二步，即把生活的材料放到经济范畴中去，这样才能获得经济学所需要的经济事实。正是在此方法中，经济学得以获得事实，并从事实出发（对于这一点，本文第二部分已作讨论）。因此，若我们进一步对事实本身进行分析，就必

---

① 《马克思恩格斯选集》第1卷，人民出版社1995年，第138页。

然发生一个范畴与材料的关系问题。按照西方近代哲学的总原则，这个关系就是，源自理性的范畴把生活中的材料做成了事实。这就是说，经济事实是由经济理性按自身的形式建构起来的，由此，经济学作为理性的科学才获得了自己的研究对象。通过经济范畴，生活材料转化成了经济事实。这一转化是对生活材料进行范畴抽象，如马克思所说：“经济范畴只不过是生产的社会关系的理论表现，即其抽象。”①

经此抽象，什么东西丢失了？对此，马克思予以了明确的回答：“忽略了生产关系的历史运动。”那么，在这个被忽略的历史运动中包含了什么？包含了生产关系本所具有的全部感性对抗和感性冲突。这些内容的丢失，是把非历史性的范畴加诸历史性的材料时所产生的必然结果，正如马克思所指出的那样：“生产力的增长、社会关系的破坏、观念的形成都是不断运动的，只有运动的抽象即‘不死的死’才是停滞不动的。”②

然而，在现实的历史运动中的生产关系所具有的对抗和冲突的性质，尽管可以在经济范畴的逻辑规定中被遮

———
① 《马克思恩格斯选集》第1卷，人民出版社1995年，第141页。
② 《马克思恩格斯选集》第1卷，人民出版社1995年，第142页。

蔽，却仍然是经济学家们回避不了的，例如工人运动的兴起，经济危机的实际爆发，貌似稳定的经济体系的崩溃，等等。这些在现实生活中发生的冲突所表明的经济体系固有的矛盾，如何在经济学中得到表达和理解呢？只有一种方法，即把现实中的生产关系的矛盾表达为经济范畴自身的逻辑矛盾，然后通过人类经济理性的发展来加以克服。这种方法在蒲鲁东那里达到了相当程度的自觉，他想到了黑格尔的辩证法，他要让黑格尔的哲学在经济学中起作用。马克思在《哲学的贫困》第二章的"第四个说明"部分转述了蒲鲁东对黑格尔辩证法的运用。

首先，现实的经济生活中的矛盾原是经济范畴本身所固有的："蒲鲁东先生认为，好的方面和坏的方面，益处和害处加在一起就构成每个经济范畴所固有的矛盾。"①

其次，该如何克服经济范畴所固有的矛盾呢？答案是："保存好的方面，消除坏的方面。"

再者，如何一方面保存好的方面，另一方面又消除坏的方面呢？这里正好用得上黑格尔的辩证法："蒲鲁东先生把经济范畴逐一取来，把一个范畴用作另一个范畴的消

————

① 《马克思恩格斯选集》第1卷，人民出版社1995年，第143页。

毒剂，用矛盾和矛盾的消毒剂这二者的混合物写成两卷矛
盾，并且恰当地称为《经济矛盾的体系》（这正是《贫困
的哲学》另一个书名）"①。具体说来，这种辩证法就是：
面对其缺陷应当被消除的范畴，就需要另一个范畴来对这
个范畴作清洗的工作。例如，"税收可以消除垄断的缺陷，
贸易差额可以消除税收的缺陷，土地所有权可以消除信用
的缺陷"②，等等。

　　由此我们看到，蒲鲁东对黑格尔辩证法的运用其实只
是对"正题—反题—合题"这一公式的外在运用，即把第
一个范畴看成是正题，而第二个范畴作为反题则被看作是
对第一个范畴的坏的方面的消除，然后，这两个范畴的共
存（即相互矛盾的正题与反题的共存）则成为一个作为合
题的新范畴。但是，我们从这一过程中并看不出作为合题
的新范畴是如何产生的，因为，假如第二个范畴是对第一
个范畴的坏的方面的消除，也就是说，结果只剩下了好的
方面，那么，那第三个范畴（新范畴）又如何仍是矛盾的
共存呢？马克思一针见血地指出了其中所包含的荒谬：

----

① 《马克思恩格斯选集》第1卷，人民出版社1995年，第145页。
② 《马克思恩格斯选集》第1卷，人民出版社1995年，第145页。

当他想通过辩证的生育过程生出一个新范畴时，却毫无所获。两个相互矛盾的方面的共存、斗争以及融合成一个新范畴，就是辩证运动。谁要是给自己提出消除坏的方面的问题，就是立即切断了辩证运动。我们看到的已经不是由于自己的矛盾本性而设定自己并把自己与自己相对立的范畴，而是在范畴的两个方面中间转动、挣扎和冲撞的蒲鲁东先生。这样，蒲鲁东先生就陷入了用正当方法难以摆脱的困境，于是他用尽全力一跳便跳到了一个新范畴的领域中。①

蒲鲁东对辩证法的形式运用，却恰恰使辩证法在这种运用中消失了。辩证法作为对于现实事物在自我否定中展开自己的历史运动的认识，在蒲鲁东那里变成了诸范畴之间先后次序的外在的逻辑排列，而排列的逻辑就是：后一个范畴是对前一个范畴的缺陷之克服。所以马克思说："蒲鲁东先生从黑格尔那里只借用了用语。而蒲鲁东先生自己的辩证运动只不过是机械地划分出好、坏两面而已。"②

---

① 《马克思恩格斯选集》第1卷，人民出版社1995年，第144—145页。
② 《马克思恩格斯选集》第1卷，人民出版社1995年，第144页。

　　这里可以先不说把现实事物区分出好、坏两面是必须以悬设在此事物之外的道德标准为前提这样一点，即便我们先同意这种在事物之外的道德标准，如果我们要坚持辩证法，我们就必须承认事物的好、坏两面——即一对矛盾——本是不可分割的，它们是相互依存的，也就是说，那坏的一面是不可能被消除的，因为好的一面正是依靠它才存在的。这样，蒲鲁东的辩证法其实是终止事物的内在生命的辩证法。但这还是辩证法吗？因此，马克思给蒲鲁东的"辩证法"下了如此断语："范畴的顺序成了一种脚手架。辩证法不再是绝对理性的运动了。辩证法没有了，至多还剩下最纯粹的道德。"①

　　这就是说，蒲鲁东未曾真正懂得黑格尔的辩证法。在黑格尔那里，辩证法尽管是对被形而上地设定出来的绝对理性的运动的描述，却还是真正的辩证法，虽然它只是对范畴的辩证本性的描述。按照黑格尔，每一个范畴都是由于自己的矛盾本性而设定自己并把自己与自己相对立的。这就是关于范畴之存在方式的逻辑，这个逻辑虽然处在形而上的范围内，却道出了辩证法思想的精华。

---

① 《马克思恩格斯选集》第1卷，人民出版社1995年，第145页。

假如我们把这个在形而上范围内的逻辑置入到对现实感性事物之存在方式的认识中去，结果会怎样呢？结果就是获得马克思的辩证法。马克思的辩证法是对黑格尔辩证法进行改造的产物，这个改造就是：使范畴辩证法转变为感性辩证法。

这个改造在蒲鲁东那里是不可能发生的，但却是本应当发生的，因为，他既然想要把辩证法用来讨论在资本主义经济现实中的矛盾，他就应当这样做。结果，他只是机械地照搬了黑格尔的"正—反—合"公式。蒲鲁东之所以不仅不能改造黑格尔的辩证法，而且还误解了它，这是因为他有两个根本缺陷：第一，他不理解由辩证法所表达的东西乃是事物自身的内在生命；第二，他无法离开经济范畴的抽象去思考活生生的、感性的经济生活。

其实，这两个缺陷并非专属于蒲鲁东，而是经济学本身所固有的，而蒲鲁东的学说只是以天真的形式突出地暴露了它们。以实证主义精神自居的经济学把自己所描述的经济现实看作是一系列给定的经济关系，但是不了解这些关系的感性起源，也即不了解这些关系是具有辩证的感性生命的生产关系，它们自诞生的第一天起就包含着感性对抗和感性冲突，这用辩证法的语言来说就是，它们在自我肯定的同时即包含着自我否定。我们可以称经济学的这一固有的特征为"抽象的实证主义"。蒲鲁东想比这种实证主义做得更多一些，即想引入辩证法，结果却走向了辩证法的反面，反倒是更清楚地暴露了这种实证主义本质上是无批判的实证主义。正如马克思在1865年1月间写的《论蒲鲁东》一文中所说的："由于他不是把经济范畴看做历史的、与物质生产的一定发展阶段相适应的生产关系的理论表现，而是荒谬地把它们看做历来存在的、永恒的观念，这就表明他对科学辩证法的秘密了解得多么肤浅，另一方面又是多么赞同思辨哲学的幻想，而且，他是如何拐弯抹角地又回到资产阶级经济学的立场上去。"①

　　马克思对蒲鲁东的这一评语同时也揭示了经济学理论本身的抽象实证主义的性质。在《哲学的贫困》中，马克思以经济学中的博爱学派为例，简明扼要地揭示了这种抽象的实证主义所包含的谬误：

　　博爱学派是完善的人道学派。他们否认对抗的必然性；他们愿意把一切人都变成资产者；他们愿意实现理

_____

① 《马克思恩格斯选集》第2卷，人民出版社1972年，第143页。

论，只要这种理论与实践不同而且本身不包含对抗。毫无
疑问，在理论上把现实中随时都要遇到的矛盾撇开不管并
不困难。那样一来，这种理论就会变成理想化的现实。因
此，博爱论者愿意保存那些表现资产阶级关系的范畴，而
不要那种构成这些范畴并且同这些范畴分不开的对抗。博
爱论者以为，他们是在严肃地反对资产者的实践，其实，
他们自己比任何人都更像资产者。①

　　马克思在此明确指出，正是对抗，才构成了经济范畴
本身。至于这构成了经济范畴的对抗，并不处在理性自身
的层面上，即不是如黑格尔所认为的那样源自理性自身的
矛盾律，而是源自现实的实践，它是人与人之间在物质生
活关系中的感性对抗。这种感性的对抗一定会导致生产关
系的变更，并进而导致作为其理论抽象的经济关系的变
化。只要把握了经济范畴的矛盾源自"感性的对抗"这一
点，我们就能把握到《资本论》学说与经济学理论之间在
科学性质上的根本区别：前者是批判的、革命的科学，后
者是在抽象理性的范围内的无批判的实证的科学。

---

① 《马克思恩格斯选集》第1卷，人民出版社1995年，第154—155页。

在此，我们有了一个重要的概念："革命的科学"。

这个概念源自历史唯物主义，但不被近代以来形成和发展起来的诸门社会科学理解和接受，因为这个概念居然要求革命性与科学性之间的统一，这种统一在由近代哲学思想所孕育而成的"科学"概念看来是不可思议的。倘若一门学说是革命的，这就意味着它对现存事物持有一种批判的态度，而批判的态度一定来自某种主观的价值立场，这恰好与客观的、价值中立的科学态度相悖。因此，一门有革命性的学说，就一定不可能是科学。革命性和科学性被视为两个互不相容的性质。科学只能从现存的事实出发，而不应该从对事实的价值评判出发。这一点早已被奉为"科学的精神"。

但是，仍然有一个问题需要解决，有着"科学精神"的科学应该怎样去面对现实生活中的矛盾、冲突这一类事实呢？怎样去面对在现实中同时存在的"好的方面"和"不好的方面"呢？面对这样的难题，它只能诉诸理性，即凭借理性自身去找到一种解决问题的方案。蒲鲁东就是这么做的，所以，马克思在《论蒲鲁东》一文中指出："他同空想主义者一起追求一种'科学'，以为由此就可以先验地构想出一个'解决社会问题'的公式，而不从历史运动的批判的认识中，即不从本身就产生了解放的物质条件的运动的批判的认识中引导出科学。"[1]

这段话特别重要，因为它同时说出了马克思自己的《资本论》学说的科学性质：这是一门这样的科学，它是一门从对"历史运动的批判的认识"中引导出来的科学。感性现实的历史运动本身是批判的，也即革命的，因为它是"本身就产生了解放的物质条件的运动"。因此，这种科学的革命性并不来自主观的价值设定，而是来自它所描述的历史运动本身。

革命决不是理论所能发明的，但是理论只要是真正的科学，它就不应该回避在历史运动本身中所包含的革命因素，除非我们认为历史运动中向来并无革命之因素。然而，如果我们真是这么认为的话，我们就是在抹去一部已经发生了多次社会形态之革命的历史。

至此，我们对革命性与科学性的统一作了一个简要的论证，并且拿这个统一来指认《资本论》学说的真正性质，以进一步划清它与经济学的原则区别。其实，马克思自己早在1843年写给卢格的一封信中就已经展望了他所要

---

[1] 《马克思恩格斯选集》第2卷，人民出版社1972年，第144页。

创立的学说将会具有的革命性与科学性的统一：

在这种情况下，我们就不是以空论家的姿态，手中拿了一套现成的新原理向世界喝道：真理在这里，向它跪拜吧！我们是从世界本身的原理中为世界阐发新原理。我们并不向世界说："停止斗争吧，你的全部斗争都是无谓之举"，而是给它一个真正的斗争口号。我们只向世界指明它究竟为什么而斗争。①

马克思的这段话明确地表达了未来有真正的价值的学说的基本性质：从世界本身的原理中为世界阐发新原理。这也就是说，当年的马克思已经认识到，世界未来的变革是在它自身的当下原理中形成起来的。只是，还有一个问题尚未解决：一门有革命性的科学究竟从哪里去发现革命本身的意义呢？也就是说，怎样才可能不是从头脑中、而是从现实世界的运动中发现世界"究竟为什么而斗争"呢？因为，革命的意义是不能从革命本身之外去赋予它的。自1843年起，经过将近7年时间的探讨，马克思在

① 《马克思恩格斯全集》第1卷，人民出版社1956年，第418页。

《哲学的贫困》中回答了这个问题：

　　正如经济学家是资产阶级的学术代表一样，社会主义者和共产主义者是无产者阶级的理论家。在无产阶级尚未发展到足以确立为一个阶级，因而无产阶级同资产阶级的斗争尚未带政治性质以前，在生产力在资产阶级本身的怀抱里尚未发展到足以使人看到解放无产阶级和建立新社会必备的物质条件以前，这些理论家不过是一些空想主义者，他们为了满足被压迫阶级的需要，想出各种各样的体系并且力求探寻一种革新的科学。但是随着历史的演进以及无产阶级斗争的日益明显，他们就不再需要在自己的头脑里找寻科学了；他们只要注意眼前发生的事情，并且把这些事情表达出来就行了。当他们还在探寻科学和只是创立体系的时候，他们认为贫困只不过是贫困，他们看不出它能够推翻旧社会的革命的破坏的一面。但是一旦看到这一面，这个由历史运动产生并且充分自觉地参与历史运动的科学就不再是空论，而是革命的科学了。①

----

① 《马克思恩格斯选集》第1卷，人民出版社1995年，第155页。

　　革命的意义在于无产阶级的解放和新社会的建立，这个无产阶级之"解放"和这个新社会之"新"，正是来自旧社会固有的"贫困"。贫困对于旧的、资产阶级的社会来说是其不好的一面，是其作为缺陷的一面，然而，正是这个"贫困"却包含着属于未来新社会的"富有"。贫困或富有，它们的价值和意义，都与先验的理性无涉，而是人类社会的活生生的感性存在，因此，按照感性的辩证法，正是在贫困中才包含着那真正积极的、将产生出新社会的富有。正如马克思在《哲学的贫困》中所说的那样："在一切生产工具中，最强大的一种生产力是革命阶级本身。"[①]因为，只有当实际创造着整个社会的感性财富的阶级力求解放自己的时候，才形成了使生产关系发生变革的感性动力。只有那些空想的社会主义者才会"劝告工人不要触动旧社会，以便进入他们用非凡的先见之明为工人准备就绪的新社会"[②]。因此，马克思的结论是明确的：革命本身的意义全然来自一个要求解放的阶级的自为的革命意识本身，是这个阶级的革命意识的内容本身。而一门真正的科学，其任务就在于把这个已经由旧社会自身的感性

① 《马克思恩格斯选集》第1卷，人民出版社1995年，第194页。
② 《马克思恩格斯选集》第1卷，人民出版社1995年，第192页。

对抗所造就的革命意识之内容表达出来。因此，真正的科学必定是革命的科学，它不是来自天才的头脑的先验的构想，而是"由历史运动产生并且充分自觉地参与历史运动的科学"。《资本论》学说就是第一门这样的科学。

总结上述，可以看到，《资本论》学说是一门展现资本主义社会自身的感性辩证法的科学。这种辩证法之所以可称为"感性的"，意指它不是属于人类的理性思考所服从的思辨法则，如黑格尔的范畴辩证法，而是资本这一当代社会权力在展开自身（即展开自己的全部对抗性质）时所必然服从的感性法则。这一感性法则在《资本论》学说中被揭示出来了，其具体的名称就是"剩余价值规律"。由此亦可知，剩余价值规律决不可能通过任何一种经济学理论来发现，它在经济学的视野之外，它不是一条经济规律，而是一条昭示了资本主义经济之必然的自我否定、自我灭亡的规律。

因此，若把感性辩证法去掉，即不会有《资本论》学说，也就是没有了使这门学说成为真正的科学的革命性质。因此，当《资本论》第一卷的一位评论者批评马克思的"叙述方法不幸是德国辩证法"时，马克思作了如此的回应：

　　辩证法在黑格尔手中神秘化了，但这决不妨碍他第一个全面地有意识地叙述了辩证法的一般运动形式。在他那里，辩证法是倒立着的。必须把它倒过来，以便发现神秘外壳中的合理内核。……辩证法，在其合理形态上，引起资产阶级及其夸夸其谈的代言人的恼怒和恐怖，因为辩证法在对现存事物的肯定的理解中同时包含对现存事物的否定的理解，即对现存事物的必然灭亡的理解；辩证法对每一种既成的形式都是从不断的运动中，因而也是从它的暂时性方面去理解；辩证法不崇拜任何东西，按其本质来说，它是批判的和革命的。①

　　这段文字写于1873年《资本论》第二版发表的时候，但是，关于《资本论》学说是一门具有批判的和革命的性质的历史科学的思想，则早在1847年的《哲学的贫困》中就得到了充分的阐发。

---

① 　［德］马克思：《资本论》第1卷，人民出版社2004年，第22页。

五、《哲学的贫困》对于我们
时代的意义

　　《哲学的贫困》出版至今，170多年的时间过去了。该书论战的对手蒲鲁东如今已鲜有人提起，至于《资本论》的学说，也同样与广大读者有一定的隔阂。马克思的历史唯物主义如今大多只在某些大学的某些专业的课堂上作为一门课程被讲授。马克思似乎已被我们的时代抛到了后头。但这是一个错觉——一个由资本主义在当代的惑人耳目的发展形式所造成的错觉。

　　马克思通过他的《资本论》对于资本的历史起源、它作为社会权力的感性本质、它按其内在的对抗性质而必然展开出来的社会斗争及其趋势，所作的分析和预言，迄今为止仍然不断地被我们时代的经济和政治的事实所证实。这一情况并不仅仅是在证明马克思所具有的超凡的智力，更重要的是在证明：凡是从对一个事物所作的探及根源的研究中发现的东西，必定会由这个事物所经历的全部历史过程来体现。正如当代法国思想家德里达说过的那样，只要资本世界存在一天，马克思的形象就始终像一个父亲般的幽灵，徘徊在这个世界的上空。每一个当代人，不管他们愿意与否，自觉到与否，都是马克思的精神遗产的当然继承人。正是在这里，并且也只是在这里，我们才看到了思想的力量。

(一)

与此同理，马克思与蒲鲁东的争论也没有过时。只要资本存在一天，由这种现代社会权力所必然造成的社会不平等，就始终会使一部分人形成蒲鲁东式的"社会平等"理想。这些人和蒲鲁东一样，想要资本主义好的一面，而不要它的坏的一面。他们害怕推翻资本的社会革命，因为一切革命对他们来说都是破坏性的灾难，但与此同时，他们又对当下穷人的处境深怀同情。他们的愿望无疑是善良的。出于善良的愿望，他们不得不求助于理性，企图通过理性的设计给出一整套解决社会问题的方案。他们相信，由于每个人都有理性，所以都应当能够认同并且接受他们按照理性所安排出来的和谐社会。

这些人堪称"当代的蒲鲁东"，其中一个例子就是比尔·盖茨。他在2008年1月的达沃斯论坛上发表了题为"21世纪创新型资本主义"的演讲①。在这篇演讲中，他首先指出了一个基本的事实，即今天的市场经济是穷人为富人打工的经济。一个人被市场服务的前提是他口袋中货币的数量。货币越多，市场为他服务的动力就越大；货币减少，则服务的动力随之减少，直到最后降低为零。他同时给出了一个基本数据，在今天这个地球上，有10亿人口其每日生活支出不足1美元。他因此指出，当代人类在经济发展的领域中所取得的进步，并不足以让人类自豪；同样地，在科学技术的领域内所取得的进步，也不足以让人类自豪。只有在减少人与人之间的不平等方面所取得的进步，才足以让人类自豪，而迄今为止，人类在这个方面并没有取得进步。于是，他提出了这样一个问题：我们能否设计出另一种市场机制，以便让市场也能为穷人服务呢？他认为这是可能的，理由在于，对于每一个企业的生存和

---

① World Economic Forum, Davos, Switzerland, 2008.1.24.

发展来说，实际上存在着两种"市场激励"，一为利润，一为社会声誉。这后一种市场激励可以通过政府政策的干预来实现，例如，政府可以将某些公共性市场资源用来奖励那些为帮助穷人而提供了服务的企业。这就是比尔·盖茨关于所谓"创新型资本主义"的基本设想。他承认了市场激励机制，这也就是说，承认了资本主义本身，但同时要求资本主义为社会福利作出贡献，并把这种贡献的动力仍然托付给市场的平等竞争，而不是托付给并不可靠的个人美德。这就是说，"创新型资本主义"意味着让市场本身可以同时实现资本增殖和社会平等这样两项目标。这一设想非常美妙，若真能实现，无疑是人类理性的骄傲。

然而，在他的这一设想中，却有两个漏洞是他未曾注意到的。其一，政府对公共性市场资源的掌控权的使用，是否可以不服从社会总资本之增殖的绝对命令？其二，那些能够不以盈利为目标而为穷人提供服务的企业，难道不是首须通过制造贫困来获得自身生存和发展所需要的利润吗？比尔·盖茨的人道主义理想是值得称赞的，是应当获得尊敬的，但是由于他的设想是要把这个理想融入到资本主义本身中去，这就注定了使它成为乌托邦。

比尔·盖茨的演讲的重要性并不在于他提出了关于资

本主义的新概念，而在于他坦率而尖锐地揭露了今天的资本主义经济体系所造成的人类不平等的真相，在于他所提出的难以破解的问题本身。由于提出了这样的问题，这就表明他的境界远高于那些一味地为今天的资本主义唱赞歌的人。

他对社会平等的向往，和当年的蒲鲁东一样地真诚。他知道今天的人类不平等源自资本主义市场经济，但同时却希望以市场平等的方式来保证社会平等，其思维方式恰与蒲鲁东相同。他不知道他所要消除的社会不平等正是市场平等的产物。今天的财富在不同阶级和不同民族之间的不平等分配，本就是市场平等的结果。他没有看到市场平等与社会不平等本是同一件事。他之所以看不到这一点，因为他和蒲鲁东一样，对于生产关系的感性辩证法一无所知。

通过阅读《哲学的贫困》，我们可以掌握马克思的感性辩证法。根据感性辩证法，迄今为止的一切生产关系都是财富在其中形成和发展的社会对抗形式。封建主义的生产关系是如此，资本主义的生产关系也是如此。关于前者，马克思写道："为了正确地判断封建的生产，必须把它当作以对抗为基础的生产方式来考察。必须指出，财富怎样在这种对抗中间形成，生产力怎样和阶级对抗同时发展。"①关于后者，马克思写道："资产阶级借以在其中活动的那些生产关系的性质决不是单一的、单纯的，而是两重的；在产生财富的那些关系中也产生贫困；在发展生产力的那些关系中也发展一种产生压迫的力量。"②

现代财富在市场平等中增长，正是根据这一方面，人们看到了符合理性的平等，从而把市场平等看作是在经济生活领域中的理性形式。但是，当人们只看到这一方面的时候，就无法说明现代贫困的根源。人们可以把封建社会中的贫困追溯为等级压迫，但却无法说明在一个废除了等级压迫、实现了政治平等和市场平等的现代社会中何以会产生贫困。为了说明现代贫困的根源，蒲鲁东想到要创立一门"关于贫困的哲学"，这就是他的著作《贫困的哲学》。但是，由于他试图用范畴思辨来把握现实，试图用经济范畴体系的逻辑矛盾（如这一书的另一名字所示《经济矛盾的体系》）来说明贫困的起源，结果不但说明不了现实中的贫困，反倒暴露了他自己的"哲学的贫困"。

在蒲鲁东看到经济范畴的逻辑矛盾的地方，马克思看

① 《马克思恩格斯选集》第1卷，人民出版社1995年，第152页。
② 《马克思恩格斯选集》第1卷，人民出版社1995年，第153页。

到的是在生产关系本身中所包含的人与人之间的感性对抗，所以他称现代生产关系是"一种产生压迫的力量"，虽然它同时是发展生产力的关系。经济范畴的逻辑矛盾是产生不了人压迫人的力量的，因为只有人与人之间感性交往才能产生一种力量。如果人与人的感性交往是一部分人支配、统治另一部分人的交往，那么，这种感性交往之关系（生产关系）就是一种发展"压迫的力量"的关系。这种关系既然是一种形成人压迫人的力量的关系，它就应当被称为"社会权力"。因此，现代资本既是现代生产力的发展形式，同时又是人与人之间的权力关系，这也就是说，资本同时是一种展开社会统治和社会对抗的感性力量。这种力量一身而二任：它一方面是现代财富的增长形式，另一方面又是现代社会统治的展开形式。

但是，在感性现实中的社会统治（现代贫困即是这种统治真实存在的证据）是怎么会获得一种平等的理性形式的呢？对于这个蒲鲁东无法回答的问题，马克思在《1844年经济学哲学手稿》中给出了一个精辟的答案："贫困从现代劳动本身的本质中产生出来。"①现代贫困并非来自因

———————
① ［德］马克思：《1844年经济学哲学手稿》，人民出版社1985年，第15页。

人身依附关系而有的等级压迫，而是来自现代劳动的本质。那么，什么是现代劳动的本质呢？这个本质的表现形态就是资本与雇佣劳动的关系，即所谓资本在市场上购买劳动。资本与劳动之间既然是购买与被购买的关系，当然就是一种市场平等的关系了，即资本以工资的形式与劳动等价交换。但是，必须追问的是：资本为何物？它的购买力来自哪里？回答无疑就是：资本是积累起来的过去的劳动。所谓资本购买劳动，其实就是积累起来的过去的劳动支配当下活劳动，即支配一部分人当下的生命时间。这无疑是一种权力关系：谁拥有资本，谁就能支配他人的生命时间。但是，权力却被市场上平等交换的行为即"购买"掩盖了。权力这一非理性的东西现在披上了理性平等的外衣。事情的真相就是如此。

如果进一步问，资本拥有者为什么有购买劳动的兴趣呢？回答只能是：劳动作为劳动力这种被购买的商品的使用价值，这种使用价值就是创造价值，也即新价值由当下的新劳动创造出来，而这就是价值的增殖。资本就是能增殖的价值。资本一旦停止增殖，它作为资本就死了，它成了会不断地被消耗掉的消费基金。因此，当劳动被购买时，其实是那个能创造价值的功能被购买了。这个功能是劳动者的体力或智力。这里并没有发生等价交换（因为劳动无价值，而是创造价值），所发生的事情就是对他人的体力和智力在其一部分生命时间中的占有，以获得价值的增殖。实际地被等价交换的，乃是维持劳动者的体力和智力所需要的生活资料的价值。这样，当劳动者的劳动在创造新价值，即创造出感性的社会财富的同时，他也正在创造出资本进一步购买他的力量，即创造出资本对他的进一步的支配权。这就是现代贫困的根源，它持久地产生并扩大着现时代的社会不平等。

在我们这个时代，很多人反感于《资本论》学说中的"剥削"概念，他们认为资本家也付出了他的劳动，甚至比雇佣劳动者更加辛苦，而且还要担当破产的风险。确实，资本家也过着被资本异化了的人生，但是这并不能抹去资本作为现代社会权力的真相，即不能抹去一部分人支配另一部分人的生命时间这一真相。而且，一旦这种支配与被支配的关系发展到一定的程度，就必然会引发剧烈的社会对抗和社会斗争。史实俱在，包括过去的历史和当下仍在展开的历史。

（二）

《哲学的贫困》以批判蒲鲁东理论的形式揭示了一切经济学理论都具有的本质弱点。这个弱点就是经济学无法摆脱其范畴抽象的方法，因而无法从当代经济生活中不断出现的资本新形态背后发现社会权力的类型转变。它们依凭的只是经济理性，所以就把资本不断展开的新形态看作是经济理性在当代的发展，从而依抽象实证主义的原则而把这些资本形态都置入到经济学的新范畴中去，然后再以这些范畴作材料进行经济学体系的重构。新的经济学学派就是如此这般地不断产生出来的。每一个新学派都认为自己抓到了当代经济的关键环节，从而开出一整套理顺经济、重建新平衡的药方。经济学特别是它在今天最重要的分支——金融学——的新概念、新术语层出不穷。这些令人眼花缭乱的"理论创新"本身说明了经济学已陷入危机，但同时也确实反映了以金融资本为主导、以资本全球化为路径的当代经济的纷繁复杂的现实。

经济学当代危机的主要标志，就是它走上了一条使自身不断技术化的道路。它不断地从事种种经济调节工具的设计，尤其是金融工具的设计，这就表明它终于从理论理性走向了工具理性。正如今天的自然科学日益以技术的形式进入日常生活一样，今天的经济学也同样以其技术的形式进入社会生活的各个领域。一个思想的时代已经隐退，代之而起的是覆盖一切的技术主义。今天的人类世界在许多人的头脑里已被看作是一个由技术构造起来的世界。

然而，正是在这个技术不断被发明和不断被使用的现象中，我们可以看到一种无处不在的危机感。例如各种金融工具的发明和使用，无非表明了一种因恐惧而产生的强烈的愿望，即必须不断地去避免因资本斗争而引发的经济体系的紊乱和解体。但是，可惜的是，伴随着经济调节工具之设计和使用的，并不是全球经济秩序的日趋和谐与稳定，而始终是国与国之间的贸易战争、货币战争乃至军事对抗，以及在一国内部不同利益集团之间的经济和政治上的博弈。正是由于这种当代情势，和平发展、互利共赢的口号才不断地被呼喊出来。但是，由这些口号所彰显的价值目标能否在现实中实现呢？这是一个摆在当代人类面前的严峻的问题。

人类始终以痛苦为代价去寻求真理，以此可以断言，人们是注定了会重返马克思的学说的。经由《哲学的贫困》一书所开辟的《资本论》学说之路其实始终在我们面前敞开着，我们是可以踏上这条道路的。

　　踏上《资本论》学说之路的第一步，即是要认清资本主义生产并不是一个在经济学看来可以在逻辑上达到自洽的系统。关于资本的非自洽性，马克思在《资本论》准备草稿（即《1857—1858年经济学手稿》）中有明确的阐发。在指出这个非自洽性之前，马克思首先批判了经济学家们关于资本是财富增长的绝对形式的幻想：

　　如果说以资本为基础的生产，一方面创造出一个普遍的劳动体系——即剩余劳动，创造价值的劳动——那么，另一方面也创造出一个普遍利用自然属性和人的属性的体系，创造出一个普遍有用性的体系……资本按照自己的这个趋势，既要克服民族界限和民族偏见，又要克服把自然神化的现象，克服流传下来的、在一定界限内闭关自守地满足于现有需要和重复旧生活方式的状况。资本破坏这一切并使之不断地革命化，摧毁一切阻碍发展生产力、扩大需要、使生产多样化、利用和交换自然力量和精神力量的限制。

　　但是，决不能因为资本把每一个这样的界限都当作限制，因而在观念上超越它，所以就得出结论说，资本实际上克服了它，并且，因为每一个这样的限制都是同资本的使命相矛盾的，所以资本主义生产是在矛盾中运动的，这些矛盾不断地被克服，但又不断地产生出来。不仅如此，资本不可遏止地追求的普遍性，在资本本身的性质上遇到了界限，这些界限在资本发展到一定阶段时，会使人们认识到资本本身就是这种趋势的最大限制，因而驱使人们利用资本本身来消灭资本。①

资本并不像经济学家们认为的那样，是生产力发展的绝对形式，也不是与生产力发展绝对一致的财富形式。②

马克思在这里谈到了"资本本身的性质"，并且指出正是这个性质成了资本对其自身固有的发展生产力的趋势的最大的限制。什么是"资本本身的性质"呢？这性质就是：一切生产力、一切被实际地生产出来的感性的财富，仅当它们实现为交换价值之增殖（即通过市场交换而实现的货币的增多）时，才是真正的财富。换句话说，倘若这些真实存在的感性财富不能转化为增殖了的交换价值时，它们就是财富的反面，成了财富的否定形式。正是从这个

① 《马克思恩格斯全集》第46卷（上），人民出版社1979年，第392—394页。
② 《马克思恩格斯全集》第46卷（上），人民出版社1979年，第399页。

资本本身的性质中，马克思看到了资本主义生产的"内在的界限"①。所谓"内在的"，就是强调，那限制和否定了资本主义生产的东西，并非来自资本的外部，不是在资本之外的力量对资本所实行的限制和否定，而是就在资本自身之中，在它的内部。因此，资本在本质上就是非自洽的，它是一个自我矛盾的东西。那么，资本主义生产的内在界限有哪些呢？马克思一共列举了四个方面：

（1）必要劳动是活劳动能力的交换价值的界限；（2）剩余价值是剩余劳动和生产力发展的界限；（3）货币是生产的界限；（4）使用价值的生产受交换价值的限制。②

正是这四个方面的内在界限，使得资本主义自其诞生之日起直到今天的发展进程成了一部充满矛盾、冲突、对抗和危机的历史。这四个方面的内在界限就是资本主义生产自身的四个悖论。

第一个悖论："活劳动能力的交换价值"即劳动者所得的工资，必须始终被限制在他所提供的总劳动中能够补

---

① 《马克思恩格斯全集》第46卷（上），人民出版社1979年，第399页。
② 《马克思恩格斯全集》第46卷（上），人民出版社1979年，第400页。

偿其生活资料之价值的那一部分（即必要劳动）的范围内，以便保证剩余劳动的发生，即保证资本有其增殖的部分。正因为如此，一切企业都必须进行劳动力成本的核算。但是，所有的企业家们却必定同时希望他们所雇佣的劳动者（即整个社会的产业人口）在走出生产过程、进入市场消费之时具备足够旺盛的购买力。这真是两个相互矛盾、却又同样真实的需要。

第二个悖论：在生产过程中发生的劳动者的剩余劳动本来意味着整个社会的实际的感性财富的增多和社会生产力的提高，但是，在生产过程中发生的、对象化在劳动产品中的剩余劳动必须在流通领域中成功地出售，即转化为剩余价值，才成为真正的财富增长（即资本的增殖）。倘若做不到这一点，不光是社会财富没有增长，而且就是资本本身的死亡。为了资本的重生，亦即重启市场需求，就只有一个做法，即把堆积在仓库中的剩余劳动以及那些造就了劳动生产率的机器作为过剩的产能予以毁灭。这就是生产相对过剩危机发生时的实际情形。资本主义在大规模地发展生产力的时候，也随时面临着摧毁生产力的客观需要。

第三个悖论：何谓"货币是生产的界限"？在此可参

阅马克思的如下表述：

> 在生产过剩的普遍危机中，矛盾并不是出现在各种生产资本之间，而是出现在产业资本和借贷资本之间，即出现在直接包含在生产过程中的资本和在生产过程以外独立（相对独立）地作为货币出现的资本之间。①

这段表述是一个重要的提示：在资本主义生产中，产业链同时就是资金链，不同生产者之间的媒介总是货币，所以在生产过剩危机发生的情况下，必定出现某些产业资本因无法成功出售其产品而导致货币短缺，结果就是，既不能偿还贷款，也无法进行为进入新的产业部门所需要的投资，这就是资金链的断裂，随之发生的便是产业资本同以货币形式存在的借贷资本之间的矛盾。当这种矛盾发生时，生产就不得不终止。这就是货币对生产所构成的界限。为了突破这一界限，只有一个办法，即人为地向产业部门投放货币，以重新启动产业链。所谓人为地投放，即指撇开借贷市场而以国家权力增发货币，而这就会导致该

---

① 《马克思恩格斯全集》第46卷（上），人民出版社1979年，第397页。

国货币脱离金本位制。这其中自然隐伏着引发金融危机的风险，因为这是以国家意志来取代对货币投放量的市场调节。然而，马克思在《资本论》中说得分明：金银并非天然是货币，但货币天然是金银。换言之，金银是货币的感性基础，是货币生存的大地。

第四个悖论：商品的使用价值是劳动产品的感性存在，它是现实的、为人的生活所需要的财富，但是，在资本主义生产中，任何一种特定的使用价值是否应当被生产出来，只取决于这样一点，即它是否能带来交换价值的增殖，倘若不能，那么，它即使为购买力低下的人口的实际生活所必需，也不能成为生产的对象。资本主义生产一方面打开了使用价值的极为丰富的领域，但另一方面也因交换价值对使用价值的支配地位而限制了一些为穷人的生活所必需的使用价值的生产。

以上四个悖论都是资本主义生产按其本性而固有的内在界限。资本主义生产在每一次达到其发展的较高阶段时，都不可避免地碰触到这些界限，造成普遍的价值丧失（即全面的经济危机），于是，资本就不得不向自己提出这样的任务："在生产力的更高发展程度上重新开始它突破本身限制的尝试，而它作为资本却遭到一次比一次更大的崩溃。"①诚哉斯言，马克思的这些写于19世纪50年代的话，在今天仍然不断地被印证，2008年的金融风暴就是一个鲜明的证据。

（三）

经过了40多年改革开放历程的当下中国，仍然处在社会转型的关键时期。这个社会转型是由计划经济体制向市场经济体制的转变所引发的。经济体制由国家计划向市场机制的转变是一场革命，这场革命所带来的经济建设上的成果举世瞩目，成就是巨大的，这是不争的事实，但是，它所引起的对社会生活的震动也同样巨大，现在是到了必须全面地正视由社会转型所带来的众多难题的时候了。

马克思在准备撰写《哲学的贫困》之前，即1846年年底，在一封致安年柯夫的信中大致地表述了他将要展开的对蒲鲁东的批评所要阐发的基本思想。该信中有如下一段话，很值得我们在今天重温：

_____

① 《马克思恩格斯全集》第46卷(上)，人民出版社1979年，第400页。

　　人们永远不会放弃他们已经获得的东西，然而这并不是说，他们永远不会放弃他们在其中获得一定生产力的那种社会形式。恰恰相反，为了不致丧失已经取得的成果，为了不致失掉文明的果实，人们在他们的交往方式不再适合既得的生产力时，就不得不改变他们继承下来的一切社会形式。①

　　马克思在此说出的东西，正是属于现实历史自身的辩证法：一个社会赖以取得其成果的社会交往形式，并不是保存这个成果的形式。为了保存既得的成果，这个社会就必须变革其取得成果的交往形式。今日之中国正面对着这样的辩证法，它不以人的意志为转移。本书认为，把这样的辩证法说出来，是当下中国各门社会科学的共同任务。

　　人们告别辩证法已经很长久了。黑格尔的范畴辩证法固然应该告别，但是我们不能因此也告别马克思的感性辩证法。今天，抽象实证主义的精神到处蔓延，源自范畴抽象的科学理性被奉为最高的原则。人们只愿意从社会事实出发，但是他们由之出发的社会事实却是由一系列社会科

---

① 《马克思恩格斯书简》，人民出版社1973年，第3页。

学的范畴（如经济学范畴、法学范畴、政治学范畴等等）
所建构起来的。正是在这样的"科学事实"中，作为事情
本身的社会生活的感性真相被遮蔽了。

社会生活的感性真相固然可以被社会科学的范畴形式
所遮蔽，但它们的真实存在却一次又一次地通过感性对抗
和感性冲突的实际发生而得到证明。这些感性对抗和感性
冲突是我们始终不得不面对的，问题只是在于应该以怎样
的认识态度和怎样的认识方法去面对。

在这一根本重要的问题上，我们面临两个选项，一个
是依凭当代社会科学的理性，一个是运用马克思的历史唯
物主义。

在前一个选项中，现实生活中的一切感性对抗和感性
冲突，都应当通过社会科学的理性来给予正确的理解，并
根据同样的理性来予以最终的克服。因而，全部问题的要
点就在于：要用价值中立的、客观的科学理性来战胜一切
非理性的盲目因素以及由之而造成的偏见和冲动。当代社
会科学的研究因此而重任在肩。以社会科学的理论研究为
基础的解决社会问题的理性设计，被抬到了至高无上的地
位。正是出于这样的认识态度，在面对现实生活中错综复
杂的矛盾时，人们一再地提出了进行"顶层设计"的呼

吁。看来，这样一种共识已然形成：只要严格地按照社会科学的理性去做出顶层设计，社会生活中的各种相互矛盾的需求和彼此背离的行为趋向就能在某种一揽子方案的实施之中得到解决。然而，正是这样一种共识使我们想起了马克思当年对蒲鲁东所作的这样一个批判："他同空想主义者一起追求一种所谓'科学'，以为由此就可以先验地构想出一个'解决社会问题'的公式"。如果今天的社会科学家们仍然有这样的追求，他们不正是在重复蒲鲁东先生当年的错误吗？或有人认为这并不是错误，那么好，对这种看法的反驳就是历史进程的事实本身。例如，经济学的理论理性在实际的经济史面前只是不断地证明了自己扮演的是"事后诸葛亮"的角色。在未曾预料到的经济危机爆发过后，经济学所能做的唯一的事情，就是对这一刚刚过去的非理性的危机予以一个理性的解释。而每一次这样的解释都未能预言并因而帮助社会去避免下一次危机的爆发。在这一点上，倒还是老黑格尔在一种具有本体论意义的无可奈何之中说了一句大实话：未来不是知识推断的对象，而是希望和恐惧的对象。

但是，我们不能停留在黑格尔的无可奈何之中，我们仍然要问：马克思既然批判了蒲鲁东的错误，那么他提示给我们的是一种怎样的方法呢？回答是清楚的：这方法就是历史唯物主义。正是在对蒲鲁东想要先验地构想解决社会问题的公式进行批判之后，马克思紧接着就说出了他自己对于科学之任务的理解：从历史运动的批判的认识中，即从本身就产生了解放的物质条件的运动的批判的认识中引导出科学。

马克思的这一表述对于今日中国学术来说是一个极其宝贵的启发：我们应当从当下中国社会的历史运动本身中发现解决社会矛盾和社会冲突的条件和方法，而不是在这个历史运动的外部，通过理性的构想而赋予这个运动以解决问题的条件和方法。所谓"历史运动的批判的认识"，有两层涵义：其一，是指社会历史运动本身就是自我批判的，因为它自身就是在感性对抗和感性冲突中展开着的历史性实践，而解决问题的现实条件就是在这种感性冲突中生长出来的；其二，是指对历史运动的真切认识之前提乃是范畴批判，即清洗那包含在"社会事实"中的范畴规定，以还原其作为感性实践的事情本身。只有在对感性实践的分析中，我们才能发现那些在根本上规定和支配着中国当下社会进程的各种新旧社会权力之间的冲突以及此消彼长的历史趋向。

　　一句话，我们需要的不是在范畴抽象方法中的社会科学，而是在历史定义方法中的社会科学。这种社会科学将是中国自己的社会科学，而不是西方学术的追随者。这种社会科学，按其本性——套用马克思的表述——是由中国当下的历史运动产生并充分自觉地参与这个历史运动的科学。因此，我们的任务不是用现成的社会科学概念去描述当下中国的社会事实，并从理性自身出发去构想解决问题的方案，而是深入到那建构起这些社会事实的、作为真实的人民生活的感性实践中去，准确地描述这个实践本身，以从中发现解决问题的实际条件以及基于这些条件的方法。

　　这样一种中国自己的社会科学之形成的思想前提就是：重新经历一次历史唯物主义的启蒙。这是一个从中国社会科学的当代使命中产生出来的需要。

原著选读

哲学的贫困*

第二章　政治经济学的形而上学

第一节　方法

现在我们是在德国！我们在谈论政治经济学的同时还要谈论形而上学。而在这方面，我们也只是跟着蒲鲁东先生的"矛盾"走。刚才他迫使我们讲英国话，使我们差不多变成了英国人。现在场面变了。蒲鲁东先生把我们转移到我们亲爱的祖国，使我们不由得又变成了德国人。

如果说有一个英国人把人变成帽子，那么，有一个德国人就把帽子变成了观念。这个英国人就是李嘉图，一位银行巨子，杰出的经济学家；这个德国人就是黑格尔，柏林大学的一位专任哲学教授。

法国最末一个专制君主和法兰西王朝没落的代表路易十五有一个御医，这个人又是法国的第一个经济学家。这位御医，这位经济学家是法国资产阶级即将取得必然胜利的代表。

---

* 本书的选文引自《马克思恩格斯选集》第1卷，人民出版社1995年版，第103—161页。引用时对原文有适当调整，主要是对原文中脚注、文末注混用的情况，统一成脚注形式，以方便读者阅读。——编者注

魁奈医生使政治经济学成为一门科学；他在自己的著名的《经济表》中概括地叙述了这门科学。除了已经有的对该表的1001个注解以外，我们还找到医生本人作的一个注解。这就是附有"七个**重要说明**"的《经济表分析》。

　　蒲鲁东先生是另一个魁奈医生，他是政治经济学的形而上学方面的魁奈。但是在黑格尔看来，形而上学，整个哲学，是概括在方法里面的。所以我们必须设法弄清楚蒲鲁东先生那套至少同《经济表》一样含糊不清的方法。因此，我们作了七个比较重要的说明。如果蒲鲁东博士不满意我们的说明，那没关系，他可以扮演修道院院长勃多的角色，亲自写一篇《经济学—形而上学方法解说》。①

第一个说明

　　"这里我们论述的不是**与时间次序相一致的历史**，而是**与观念顺序相一致的历史**。各经济**阶段**或**范畴**在**出现**时有时候是同时代的，有时候又是颠倒的……不过，经济理论有它自己的**逻辑顺序**和**理性中的系列**，值得夸耀的是，经济理论的这种次序已被我们发现了。"（蒲鲁东《贫困的哲学》第1卷第145和146页）

---

① 暗指弗·魁奈的同时代人尼·勃多于1770年发表的著作《经济表说明》。

蒲鲁东先生把这些冒牌的黑格尔词句扔向法国人，毫无疑问是想吓唬他们一下。这样一来，我们就要同两个人打交道：首先是蒲鲁东先生，其次是黑格尔。蒲鲁东先生和其他经济学家有什么不同呢？黑格尔在蒲鲁东先生的政治经济学中又起什么作用呢？

经济学家们都把分工、信用、货币等资产阶级生产关系说成是固定的、不变的、永恒的范畴。蒲鲁东先生有了这些完全形成的范畴，他想给我们说明所有这些范畴、原理、规律、观念、思想的形成情况和来历。

经济学家们向我们解释了生产怎样在上述关系下进行，但是没有说明这些关系是怎样产生的，也就是说，没有说明产生这些关系的历史运动。由于蒲鲁东先生把这些关系看成原理、范畴和抽象的思想，所以他只要把这些思想（它们在每一篇政治经济学论文末尾已经按字母表排好）编一下**次序**就行了。经济学家的材料是人的生动活泼的生活；蒲鲁东先生的材料则是经济学家的教条。但是，既然我们忽略了生产关系（范畴只是它在理论上的表现）的历史运动，既然我们只想把这些范畴看做是观念、不依赖现实关系而自生的思想，那么，我们就只能到纯粹理性的运动中去找寻这些思想的来历了。纯粹的、永恒的、无人身的理性怎样产生这些思想呢？它是怎样造成这些思想的呢？

假如在黑格尔主义方面我们具有蒲鲁东先生那种大无畏

精神，我们就会说，理性在自身中把自己和自身区分开来。这是什么意思呢？因为无人身的理性在自身之外既没有可以设定自己的场所，又没有可以与之相对立的客体，也没有可以与之合成的主体，所以它只得把自己颠来倒去：设定自己，自相对立，自相合成——设定、对立、合成。用希腊语来说，这就是：正题、反题、合题。对于不懂黑格尔语言的读者，我们将告诉他们一个神圣的公式：肯定、否定、否定的否定。这就是措辞的含意。固然这不是希伯来语①（请蒲鲁东先生不要见怪），然而却是脱离了个体的纯粹理性的语言。这里看到的不是一个用普通方式说话和思维的普通个体，而正是没有个体的纯粹普通方式。

在最后的抽象（因为是抽象，而不是分析）中，一切事物都成为逻辑范畴，这用得着奇怪吗？如果我们逐步抽掉构成某座房屋个性的一切，抽掉构成这座房屋的材料和这座房屋特有的形式，结果只剩下一个物体；如果把这一物体的界限也抽去，结果就只有空间了；如果再把这个空间的向度抽去，最后我们就只有纯粹的量这个逻辑范畴了，这用得着奇怪吗？如果我们继续用这种方法抽去每一个主体的一切有生命的或无生命的所谓偶性，人或物，我们就有理由说，在最后的抽象中，作为实体的将只是一些逻辑范畴。所以形而上

---

① 皮·约·蒲鲁东在1827年后曾作为校对者参加圣经的出版工作并在此期间掌握了希伯来语知识。蒲鲁东经常谈到希伯来语，马克思在这里暗喻此事。

学者也就有理由说，世界上的事物是逻辑范畴这块底布上绣成的花卉，他们在进行这些抽象时，自以为在进行分析，他们越来越远离物体，而自以为越来越接近，以至于深入物体。哲学家和基督徒不同之处正是在于：基督徒只有一个**逻各斯**的化身，不管什么逻辑不逻辑而哲学家则有无数化身。既然如此，那么一切存在物，一切生活在地上和水中的东西经过抽象都可以归结为逻辑范畴，因而整个现实世界都淹没在抽象世界之中，即淹没在逻辑范畴的世界之中，这又有什么奇怪呢？

一切存在物，一切生活在地上和水中的东西，只是由于某种运动才得以存在、生活。例如，历史的运动创造了社会关系，工业的运动给我们提供了工业产品，等等。正如我们通过抽象把一切事物变成逻辑范畴一样，我们只要抽去各种各样的运动的一切特征，就可得到抽象形态的运动，纯粹形式上的运动，运动的纯粹逻辑公式。如果我们把逻辑范畴看做一切事物的实体，那么我们也就可以设想把运动的逻辑公式看做是一种绝对方法，它不仅说明每一个事物，而且本身就包含每个事物的运动。

关于这种绝对方法，黑格尔这样说过：

"方法是任何事物所不能抗拒的一种绝对的、唯一的、最高的、无限的力量，这是理性企图在每一个事物中发现和认识自己的意向。"（《逻辑学》第3卷）

　　既然把任何一种事物都归结为逻辑范畴，任何一个运动、任何一种生产行为都归结为方法，那么由此自然得出一个结论，产品和生产、事物和运动的任何总和都可以归结为应用的形而上学。黑格尔为宗教、法等做过的事情，蒲鲁东先生也想在政治经济学上如法炮制。

　　那么，这种绝对方法到底是什么呢？是运动的抽象。运动的抽象是什么呢？是抽象形态的运动。抽象形态的运动是什么呢？是运动的纯粹逻辑公式或者纯粹理性的运动。纯粹理性的运动又是怎么回事呢？就是设定自己，自相对立，自相合成，就是把自身规定为正题、反题、合题，或者就是它自我肯定、自我否定和否定自我否定。

　　理性怎样进行自我肯定，把自己设定为特定的范畴呢？这就是理性自己及其辩护人的事情了。

　　但是理性一旦把自己设定为正题，这个正题、这个与自己相对立的思想就会分为两个互相矛盾的思想，即肯定和否定"是"和"否"。这两个包含在反题中的对抗因素的斗争，形成辩证运动。"是"转化为"否"，"否"转化为"是"。"是"同时成为"是"和"否"，"否"同时成为"否"和"是"，对立面互相均衡，互相中和，互相抵消。这两个彼此矛盾的思想的融合，就形成一个新的思想，即它们的合题。这个新的思想又分为两个彼此矛盾的思想，而这两个思想又融合成新的合题。从这种生育过程中产生出思想群。同简单的范畴一样，思想群也遵循这个辩证运动，它也有一个矛盾的群作为反题。从这两个思想群中产生出新的思想群，即它们的合题。

正如从简单范畴的辩证运动中产生出群一样，从群的辩证运动中产生出系列，从系列的辩证运动中又产生出整个体系。

把这个方法运用到政治经济学的范畴上面，就会得出政治经济学的逻辑学和形而上学，换句话说，就会把人所共知的经济范畴翻译成人们不大知道的语言，这种语言使人觉得这些范畴似乎是刚从纯粹理性的头脑中产生的，好像这些范畴仅仅由于辩证运动的作用才互相产生、互相联系、互相交织。请读者不要害怕这个形而上学以及它那一大堆范畴、群、系列和体系。尽管蒲鲁东先生费了九牛二虎之力想爬上**矛盾体系**的顶峰，可是他从来没有超越过头两级即简单的正题和反题，而且这两级他仅仅爬上过两次，其中有一次还跌了下来。

在这以前我们谈的只是黑格尔的辩证法。下面我们要看到蒲鲁东先生怎样把它降低到极可怜的程度。黑格尔认为，世界上过去发生的一切和现在还在发生的一切，就是他自己的思维中发生的一切。因此，历史的哲学仅仅是哲学的历史，即他自己的哲学的历史。没有"与时间次序相一致的历史"

只有"观念在理性中的顺序"。他以为他是在通过思想的运动
建设世界；其实，他只是根据绝对方法把所有人们头脑中的
思想加以系统地改组和排列而已。

第二个说明

　　经济范畴只不过是生产的社会关系的理论表现，即其抽
象。真正的哲学家蒲鲁东先生把事物颠倒了，他认为现实关
系只是一些原理和范畴的化身。这位哲学家蒲鲁东先生还告
诉我们，这些原理和范畴过去曾睡在"无人身的人类理性"
的怀抱里。

　　经济学家蒲鲁东先生非常明白，人们是在一定的生产关
系中制造呢绒、麻布和丝织品的。但是他不明白，这些一定
的社会关系同麻布、亚麻等一样，也是人们生产出来的。社
会关系和生产力密切相联。随着新生产力的获得，人们改变
自己的生产方式，随着生产方式即谋生的方式的改变，人们
也就会改变自己的一切社会关系。手推磨产生的是封建主的
社会，蒸汽磨产生的是工业资本家的社会。

　　人们按照自己的物质生产率①建立相应的社会关系，正是
这些人又按照自己的社会关系创造了相应的原理、观念和

―――――――
①　1885年德文版改为"生产方式"。

范畴。

所以，这些观念、范畴也同它们所表现的关系一样，不是永恒的。它们是**历史的**、**暂时的产物**。

生产力的增长、社会关系的破坏、观念的形成都是不断运动的，只有运动的抽象即"不死的死"①才是停滞不动的。

第三个说明

每一个社会中的生产关系都形成一个统一的整体。蒲鲁东先生把种种经济关系看做同等数量的社会阶段，这些阶段互相产生，像反题来自正题一样一个来自一个，并在自己的逻辑顺序中实现着无人身的人类理性。

这个方法的唯一短处就是：蒲鲁东先生在考察其中任何一个阶段时，都不能不靠所有其他社会关系来说明，可是当时这些社会关系尚未被他用辩证运动产生出来。当蒲鲁东先生后来借助纯粹理性使其他阶段产生出来时，却又把它们当成初生的婴儿，忘记它们和第一个阶段是同样年老了。

因此，他要构成被他看做一切经济发展基础的价值，就非有分工、竞争等等不可。然而当时这些关系在**系列**中、在蒲鲁东先生的**理性**中以及**逻辑顺序**中根本还不存在。

---

① 引自卢克莱修的诗篇《物性论》第 3 卷第 869 行："不死的死夺去了有死的生"。

谁用政治经济学的范畴构筑某种意识形态体系的大厦，谁就是把社会体系的各个环节割裂开来，就是把社会的各个环节变成同等数量的依次出现的单个社会。其实，单凭运动、顺序和时间的唯一逻辑公式怎能向我们说明一切关系在其中同时存在而又互相依存的社会机体呢？

第四个说明

现在我们看一看蒲鲁东先生在把黑格尔的辩证法应用到政治经济学上去的时候，把它变成了什么样子。

蒲鲁东先生认为，任何经济范畴都有好坏两个方面。他看范畴就像小资产者看历史伟人一样：**拿破仑**是一个大人物，他行了许多善，但是也作了许多恶。

蒲鲁东先生认为，**好的方面**和**坏的方面**，**益处**和**害处**加在一起就构成每个经济范畴所固有的**矛盾**。

应当解决的问题是：保存好的方面，消除坏的方面。

奴隶制是同任何经济范畴一样的经济范畴。因此，它也有两个方面。我们抛开奴隶制的坏的方面不谈，且来看看它的好的方面。自然，这里谈的只是直接奴隶制，即苏里南、巴西和北美南部各州的黑人奴隶制。

同机器、信用等等一样，直接奴隶制是资产阶级工业的基础。没有奴隶制就没有棉花；没有棉花就没有现代工业。

奴隶制使殖民地具有价值，殖民地产生了世界贸易，世界贸易是大工业的条件。可见，奴隶制是一个极重要的经济范畴。

没有奴隶制，北美这个进步最快的国家就会变成宗法式的国家。如果从世界地图上把北美划掉，结果看到的是一片无政府状态，是现代贸易和现代文明十分衰落的情景。消灭奴隶制就等于从世界地图上抹掉美国。①

因为奴隶制是一个经济范畴，所以它总是存在于各民族的制度中。现代各民族只是在本国内把奴隶制掩饰一下，而在新大陆却不加掩饰地推行奴隶制。

蒲鲁东先生将用什么办法挽救奴隶制呢？他提出的问题是：保存这个经济范畴的好的方面，消除其坏的方面。

黑格尔就不需要提出问题。他只有辩证法。蒲鲁东先生从黑格尔的辩证法那里只借用了用语。而蒲鲁东先生自己的辩证运动只不过是机械地划分出好、坏两面而已。

我们暂且把蒲鲁东先生当做一个范畴看待，看一看他的好的方面和坏的方面，他的长处和短处。

---

① 恩格斯在1885年德文版上加了一个注："这对1847年说来是完全正确的。当时美国的对外贸易主要限于输入移民和工业产品，输出棉花和烟草，即南部奴隶劳动的产物。北部各州主要是为各蓄奴州生产谷物和肉类。直至北部开始生产供输出用的谷物和肉类，并且成为工业国，而美国棉花的垄断又遇到印度、埃及、巴西等国的激烈竞争的时候，奴隶制才有可能废除。而且当时，奴隶制的废除曾引起南部的破产，因为南部还没有以印度和中国苦力的隐蔽奴隶制代替公开的黑人奴隶制。——弗·恩·"

　　如果说，与黑格尔比较，他的长处是提出问题并且自愿
为人类最大幸福而解决这些问题，那么，他也有一个短处：
当他想通过辩证的生育过程生出一个新范畴时，却毫无所获。
两个相互矛盾方面的共存、斗争以及融合成一个新范畴，就
是辩证运动。谁要给自己提出消除坏的方面的问题，就是立
即切断了辩证运动。我们看到的已经不是由于自己的矛盾本
性而设定自己并自相对立的范畴，而是在范畴的两个方面中
间转动、挣扎和冲撞的蒲鲁东先生。

　　这样，蒲鲁东先生就陷入了用正当方法难以摆脱的困境，
于是他用尽全力一跳便跳到一个新范畴的领域中。这时在他
那惊异的目光面前便出现了**理性中的系列**。

　　他随手拈来一个范畴，随心所欲地给它一种特性：把需
要清洗的范畴的缺陷消除。例如，如果相信蒲鲁东先生的话，
税收可以消除垄断的缺陷，贸易差额可以消除税收的缺陷，
土地所有权可以消除信用的缺陷。

　　这样，蒲鲁东先生把经济范畴逐一取来，把一个范畴用
做另一个范畴的**消毒剂**，用矛盾和矛盾的消毒剂这二者的混
合物写成两卷矛盾，并且恰当地称为《经济矛盾的体系》。

第五个说明

　　"在绝对理性中，所有这些观念……是同样简单和普遍的……实

际上我们只有靠我们的观念搭成的**一种脚手架**才能达到科学境地。但是，真理本身并不以这些辩证的图形为转移，而且不受我们思想的种种组合的束缚。"（蒲鲁东《贫困的哲学》第2卷第97页）

这样，一个急转弯（现在我们才知道其中奥妙）就使政治经济学的形而上学突然变成了幻想！蒲鲁东先生从来没有说过这样的实话。的确，一旦把辩证运动的过程归结为这样一个简单过程，即把好的方面和坏的方面加以对比，提出消除坏的方面的问题，并且把一个范畴用做另一个范畴的消毒剂，那么范畴就不再有自发的运动，观念就"**不再发生作用**"不再有内在的生命。观念既不能再把自己设定为范畴，也不能再把自己分解为范畴。范畴的顺序成了**一种脚手架**。辩证法不再是绝对理性的运动了。辩证法没有了，至多还剩下最纯粹的道德。

当蒲鲁东先生谈到**理性中的系列**即**范畴的逻辑顺序**的时候，他肯定地说，他不是想论述与**时间次序相一致的历史**，即蒲鲁东先生所认为的范畴在其中**出现**的历史顺序。他认为那时一切都**在理性的纯粹以太**中进行。一切都应当通过辩证法从这种以太中产生。现在当实际应用这种辩证法的时候，理性对他来说却不存在了。蒲鲁东先生的辩证法背弃了黑格尔的辩证法，于是蒲鲁东先生只得承认，他用以说明经济范畴的次序不再是这些经济范畴相互产生的次序。经济的进化不再是理性本身的进化了。

那么，蒲鲁东先生给了我们什么呢？是现实的历史，即蒲鲁东先生所认为的范畴在时间次序中**出现**的那种顺序吗？不是。是在观念本身中进行的历史吗？更不是。这就是说，他既没有给我们范畴的世俗历史，也没有给我们范畴的神圣历史！那么，他到底给了我们什么历史呢？是他本身矛盾的历史。让我们来看看这些矛盾怎样行进以及它们怎样拖着蒲鲁东先生走吧。

在未研究这一点（这是第六个重要说明的引子）之前，我们应当再作一个比较次要的说明。

让我们和蒲鲁东先生一同假定：现实的历史，与时间次序相一致的历史是观念、范畴和原理在其中出现的那种历史顺序。

每个原理都有其出现的世纪。例如，权威原理出现在11世纪，个人主义原理出现在18世纪。因而不是原理属于世纪，而是世纪属于原理。换句话说，不是历史创造原理，而是原理创造历史。但是，如果为了顾全原理和历史我们再进一步自问一下，为什么该原理出现在11世纪或者18世纪，而不出现在其他某一世纪，我们就必然要仔细研究一下：11世纪的人们是怎样的，18世纪的人们是怎样的，他们各自的需要、他们的生产力、生产方式以及生产中使用的原料是怎样的；最后，由这一切生存条件所产生的人与人之间的关系是怎样的。难道探讨这一切问题不就是研究每个世纪中人们的现实的、世俗的历史，不就是把这些人既当成他们本身的历史剧的剧作者又当成剧中人物吗？但是，只要你们把人们当成他们本身历史的剧中人物和剧作者，你们就是迂回曲折地回到真正的出发点，因为你们抛弃了最初作为出发点的永恒的原理。

至于蒲鲁东先生，他还在意识形态家所走的这条迂回曲折的道路上缓慢行进，离开历史的康庄大道还有一大段路程。

第六个说明

我们且沿着这条迂回曲折的道路跟蒲鲁东先生走下去。

假定被当做**不变规律**、**永恒原理**、**观念范畴**的经济关系先于生动活跃的人而存在；再假定这些规律、这些原理、这些范畴自古以来就睡在"无人身的人类理性"的怀抱里。我们已经看到，在这一切一成不变的、停滞不动的永恒下面没有历史可言，即使有，至多也只是观念中的历史，即反映在纯粹理性的辩证运动中的历史。既然蒲鲁东先生认为各种观念在辩证运动中不能互相"区分"那么他就一笔勾销了**运动的影子**和**影子的运动**，而本来总还可以用它们造成某种类似历史的东西。他没有这样做，反而把自己的无能归罪于历史，埋怨一切，甚至连法国话也埋怨起来。哲学家蒲鲁东先生告诉我们：

"我们说什么东西出现或者什么东西生产出来，这种说法是不确切的，无论是在文明里还是在宇宙中，自古以来一切就存在着、活动着……整个社会经济也是如此。"（第2卷第102页）

自身起作用并且使蒲鲁东先生本人也起作用的矛盾的创造力竟大到这样程度，以至他本想说明历史，但却不得不否定历史；本想说明社会关系的顺次出现，但却根本否定**某种东西**可以**出现**；本想说明生产及其一切阶段，但却否定**某种东西可以生产出来**。

这样，在蒲鲁东先生看来，再没有什么历史，也没有什么观念的顺序了，可是，他那本大作却继续存在，而这部著作恰恰被他自己称为**"与观念顺序相一致的历史"**。怎样才能找到一个公式（因为蒲鲁东先生就是公式化的人物）帮助他一跳就越过他的一切矛盾呢？

为了做到这一点，他发明了一种新理性，这既不是绝对的、纯粹的和纯真的理性，也不是生活在不同历史时期的生动活跃的人们的普通的理性，这是一种十分特殊的理性，是作为人的社会的理性，是作为主体的**人类**的理性，这种理性在蒲鲁东先生的笔下最初间或写做**"社会天才"**、**"普遍理性"**，最后又写做**"人类理性"**。然而这种名目繁多的理性在任何情况下都可以被人们认出是蒲鲁东先生的个人理性，它有好的和坏的方面，有消毒剂也有问题。

"人类理性不创造真理"，真理蕴藏在绝对的永恒的理性的深处。人类理性只能发现真理。但是直到现在它所发现的真理是不完备的，不充足的，因而是矛盾的。经济范畴本身是人类理性、社会天才所发现和揭示出来的真理，因此它们也是不完备的并含有矛盾的萌芽。在蒲鲁东先生以前，社会天才只看见**对抗因素**而未发现**综合公式**，虽然两者同时潜藏**在绝对理性**里面。既然经济关系只是这些不充足的真理、这些不完备的范畴、这些矛盾的概念在人世间的实现，因此，它们本身就包含着矛盾，并且有好坏两个方面。

社会天才的任务是发现完备的真理、完整无缺的概念、排除二律背反的综合公式。这也就说明，为什么在蒲鲁东先生的想象中，这个社会天才不得不从一个范畴跑到另一个范畴，但是仍然不能靠这一整套范畴从上帝那里，从绝对理性那里得到一个综合公式：

"首先，社会（社会天才）假定一个原始的事实，提出一个**假设**……一个真正的二律背反，它的对抗性结果在社会经济中展开来就像它的后果会在精神上被推论出来一样，所以工业运动在各方面随着观念的演绎分为两道洪流：一道是有益作用的洪流，一道是有害结果的洪流……为了和谐地构成这个两重性的原理和解决这个二律背反，社会就产生**第二个**二律背反，随后很快地又产生第三个二律背反，**社会天才**将一直这样行进，直到它用尽自己的全部矛盾（尽管未曾得到证实，但是我料想，人类的矛盾是有止境的），一跳而回到它自己原来的各种论点并用**唯一的公式**来解决自己的全部问题时为止。"（第1卷第133页）

正如以前**反题**变成**消毒剂**一样，现在**正题**将变成**假设**。但是，蒲鲁东先生这种术语上的变换现在再也不能使我们感到惊奇了。人类的理性最不纯洁，它只具有不完备的见解，每走一步都要遇到新的待解决的问题。人类的理性在绝对理性中发现的以及作为第一个正题的否定的每一个新的正题，对它说来都是一个合题，并且被它相当天真地当做有关问题的解决。这个理性就这样在不断变换的矛盾中冲撞，直至它达到了矛盾的终点，发觉这一切正题和合题不过是相互矛盾的假设时为止。在走投无路的情况下，"人类理性，社会天才一跳而回到它自己原来的各种论点并用唯一的公式来解决自己的全部问题"。这里附带说一下，这个唯一的公式是蒲鲁东先生真正的发现。这就是**构成价值**。

假设只是为了某种目的而设立的。通过蒲鲁东先生之口讲话的社会天才首先给自己提出的目的，就是消除每个经济范畴的一切坏的东西，使它只保留好的东西。他认为，好的东西，最高的幸福，真正的实际目的就是**平等**。为什么社会天才只要平等，而不要不平等或博爱、不要天主教或别的什么原理呢？因为"人类之所以接连不断地实现这么多特殊的假设，正是由于考虑到一个最高的假设"，这个最高的假设就是平等。换句话说，因为平等是蒲鲁东先生的理想。他以为分工、信用、工厂，一句话，一切经济关系都仅仅是为了平等的利益才被发明的，但是结果它们往往背离平等。由于历史和蒲鲁东先生的臆测步步发生矛盾，所以他得出结论说，有矛盾存在。即使是有矛盾存在，那也只存在于他的固定观念和现实运动之间。

从此以后，肯定平等的就是每个经济关系的好的方面，否定平等和肯定不平等的就是坏的方面。每一个新的范畴都是社会天才为了消除前一个假设所产生的不平等而作的假设。总之，平等是**原始的意向**、**神秘的趋势**、**天命的目的**，社会天才在经济矛盾的圈子里旋转时从来没有忽略过它。因此，**天命**是一个火车头，用它拖蒲鲁东先生的全部经济行囊前进远比用他那没有头脑的纯粹理性要好得多。他在论税收一章之后，用了整整一章来写天命。

天命，天命的目的，这是当前用以说明历史进程的一个响亮字眼。其实这个字眼不说明任何问题。它至多不过是一种修辞形式，是解释事实的多种方式之一。

大家知道，英国工业的发展使苏格兰地产获得了新的价值。而英国工业则为羊毛开辟了新的销售市场。要生产大量

的羊毛，必然把耕地变成牧场。要实行这种改变就必须集中
地产。要集中地产就必须消灭世袭租佃者的小农庄，使成千
上万的租佃者离开家园，让放牧几百万只羊的少数牧羊人来
代替他们。这样，由于耕地接连不断地变成牧场，结果苏格
兰的地产使羊群赶走了人。如果现在你们说，羊群赶走人就
是苏格兰地产制度的天命的目的，那么，你们就创造出了天
命的历史。

当然，平等趋势是我们这个世纪所特有的。认为以往各
世纪及其完全不同的需求、生产资料等都是为实现平等而遵
照天命行事，这首先就是用我们这个世纪的人和生产资料来
代替过去各世纪的人和生产资料，否认后一代人改变前一代
人所获得的成果的历史运动。经济学家们很清楚，同是一件
东西对甲说来是成品，对乙说来只是从事新的生产的原料。

如果你们同蒲鲁东先生一道假定：社会天才制造出，或
者更确切些说即兴制造出封建主，是为了达到把**佃农**变为**负
有义务的**和**彼此平等的劳动者**这一天命的目的，那么，你们
就把目的和人都换了，这种做法同为了达到恶意的满足（即
用羊群赶走人）而在苏格兰确立地产制度的天命比较起来，
毫不逊色。

可是，蒲鲁东先生既然对于天命表现出那样亲切的关怀，
我们就介绍他看一看维尔纽夫—巴尔热蒙的《政治经济学的
历史》，此人也是追求天命的目的。但他这个目的已经不是平

等，而是天主教了。

第七个即最后一个说明

经济学家们的论证方式是非常奇怪的。他们认为只有两种制度：一种是人为的，一种是天然的。封建制度是人为的，资产阶级制度是天然的。在这方面，经济学家很像那些把宗教也分为两类的神学家。一切异教都是人们臆造的，而他们自己的宗教则是神的启示。经济学家所以说现存的关系（资产阶级生产关系）是天然的，是想以此说明，这些关系正是使生产财富和发展生产力得以按照自然规律进行的那些关系。因此，这些关系是不受时间影响的自然规律。这是应当永远支配社会的永恒规律。于是，以前是有历史的，现在再也没有历史了。以前所以有历史，是由于有过封建制度，由于在这些封建制度中有一种和经济学家称为自然的、因而是永恒的资产阶级社会生产关系完全不同的生产关系。

封建主义也有过自己的无产阶级，即包含着资产阶级的一切萌芽的农奴等级。封建的生产也有两个对抗的因素，人们称为封建主义的**好的方面**和**坏的方面**，可是，却没想到结果总是坏的方面压倒好的方面。正是坏的方面引起斗争，产生形成历史的运动。假如在封建主义统治时代，经济学家看到骑士的德行，看到权利和义务之间美妙的协调，看到城市中的宗法式的生活，看到乡村中家庭工业的繁荣，看到通过各同业公会、行会和商会组织起来的工业的发展，总而言之，看到封建主义的这一切好的方面而深受感动，抱定目的要消除这幅图画上的一切阴暗面——农奴制度、特权、无政府状态，那么结果会怎样呢？引起斗争的一切因素就会灭绝，资产阶级的发展在萌芽时就会被窒息。经济学家就会给自己提出把历史一笔勾销的荒唐问题。

资产阶级得势以后，也就谈不到封建主义的好的方面和坏的方面了。资产阶级把它在封建主义统治下发展起来的生产力掌握起来。一切旧的经济形式、一切与之相适应的市民关系以及作为旧日市民社会的正式表现的政治制度都被粉碎了。

这样，为了正确地判断封建的生产，必须把它当做以对抗为基础的生产方式来考察。必须指出，财富怎样在这种对抗中间形成，生产力怎样和阶级对抗同时发展，这些阶级中一个代表着社会上坏的、有害方面的阶级怎样不断地成长，直到它求得解放的物质条件最后成熟。这难道不是说，生产方式，生产力在其中发展的那些关系，并不是永恒的规律，而是同人们及其生产力的一定发展相适应的东西，人们生产力的一切变化必然引起他们的生产关系的变化吗？由于最重要的是不使文明的果实——已经获得的生产力被剥夺，所以必须粉碎生产力在其中产生的那些传统形式。从此以后，革命阶级将成为保守阶级。

资产阶级从一开始就有一个本身是封建时期无产阶级①残存物的无产阶级相伴随。资产阶级在其历史发展过程中不可避免地要发展它的对抗性质，起初这种性质或多或少是掩饰起来的，仅仅处于隐蔽状态。随着资产阶级的发展，在它的内部发展着一个新的无产阶级，即现代无产阶级。无产阶级同资产阶级之间展开了斗争，这个斗争在双方尚未感觉到，尚未予以注意、重视、理解、承认并公开宣告以前，最初仅表现为局部的暂时的冲突，表现为一些破坏行为。另一方面，如果说现代资产阶级的全体成员由于组成一个与另一个阶级相对立的阶级而有共同的利益，那么，一旦那些成员之间出现对立，他们的利益就会互相对抗和冲突。这种利益上的对立是由他们的资产阶级生活的经济条件产生的。资产阶级借以在其中活动的那些生产关系的性质决不是单一的、单纯的，而是两重的；在产生财富的那些关系中也产生贫困；在发展生产力的那些关系中也发展一种产生压迫的力量；这些关系只有不断消灭资产阶级单个成员的财富和产生出不断壮大的无产阶级，才能产生**资产者的财富**，即资产阶级的财富，这一切都一天比一天明显了。

这种对抗性质表现得越明显，经济学家们，这些资产阶级生产的学术代表就越和他们自己的理论发生分歧，于是在

---

① 在马克思送给娜·吴亭娜的那一本上面，此处加了边注"劳动阶级"。

他们中间形成了各种学派。

宿命论的经济学家，在理论上对他们所谓的资产阶级生产的有害方面采取漠不关心的态度，正如资产者本身在实践中对他们赖以取得财富的无产者的疾苦漠不关心一样。这个宿命论学派有古典派和浪漫派两种。古典派如亚当·斯密和李嘉图，他们代表着一个还在同封建社会的残余进行斗争、力图清洗经济关系上的封建污垢、提高生产力、使工商业获得新的发展的资产阶级。而参加这一斗争并专心致力于这一狂热活动的无产阶级只经受着暂时的、偶然的苦难，并且它自己也认为这些苦难是暂时的、偶然的。亚当·斯密和李嘉图这样的经济学家是这一时代的历史学家，他们的使命只是表明在资产阶级生产关系下如何获得财富，只是将这些关系表述为范畴、规律并证明这些规律、范畴比封建社会的规律和范畴更有利于财富的生产。在他们看来，贫困只不过是每一次分娩时的阵痛，无论是自然界还是工业都要经历这种情况。

浪漫派属于我们这个时代，这时资产阶级同无产阶级处于直接对立状态，贫困像财富那样大量产生。这时，经济学家便以饱食的宿命论者的姿态出现，他们自命高尚，蔑视那些用劳动创造财富的活人机器。他们的一言一语都仿照他们的前辈，可是，前辈们的漠不关心只是出于天真，而他们的漠不关心却已成为卖弄风情了。

其次是**人道学派**，这个学派对现时生产关系的坏的方面倒是放在心上的。为了不受良心的责备，这个学派想尽量缓和现有的对比，他们对无产者的苦难以及资产者之间的剧烈竞争表示真诚的痛心，他们劝工人安分守己，好好工作，少生孩子，他们建议资产者节制一下生产热情。这个学派的全部理论建立在理论和实践、原理和结果、观念和应用、内容和形式、本质和现实、法和事实、好的方面和坏的方面之间无限的区别上面。

博爱学派是完善的人道学派。他们否认对抗的必然性；他们愿意把一切人都变成资产者；他们愿意实现理论，只要这种理论与实践不同而且本身不包含对抗。毫无疑问，在理论上把现实中随时都要遇到的矛盾撇开不管并不困难。那样一来，这种理论就会变成理想化的现实。因此，博爱论者愿意保存那些表现资产阶级关系的范畴，而不要那种构成这些范畴并且同这些范畴分不开的对抗。博爱论者以为，他们是在严肃地反对资产者的实践，其实，他们自己比任何人都更像资产者。

正如**经济学家**是资产阶级的学术代表一样，**社会主义者和共产主义者**是无产者阶级的理论家。在无产阶级尚未发展到足以确立为一个阶级，因而无产阶级同资产阶级的斗争尚未带政治性以前，在生产力在资产阶级本身的怀抱里尚未发展到足以使人看到解放无产阶级和建立新社会必备的物质条件以前，这些理论家不过是一些空想主义者，他们为了满足被压迫阶级的需要，想出各种各样的体系并且力求探寻一种革新的科学。但是随着历史的演进以及无产阶级斗争的日益明显，他们就不再需要在自己头脑里找寻科学了。他们只要注意眼前发生的事情，并且把这些事情表达出来就行了。当他们还在探寻科学和只是创立体系的时候，当他们的斗争才开始的时候，他们认为贫困不过是贫困，他们看不出它能够推翻旧社会的革命的破坏的一面。但是一旦看到这一面，这个由历史运动产生并且充分自觉地参与历史运动的科学就不再是空论，而是革命的科学了。

现在再来谈谈蒲鲁东先生。

每一种经济关系都有其好的一面和坏的一面，只有在这一点上蒲鲁东先生没有背叛自己。他认为，好的方面由经济学家来揭示，坏的方面由社会主义者来揭露。他从经济学家那里借用了永恒关系的必然性，从社会主义者那里借用了把贫困仅仅看做是贫困的幻想。他对两者都表示赞成，企图拿科学权威当靠山。而科学在他看来已成为某种微不足道的科学公式了，他无休止地追逐公式。正因为如此，蒲鲁东先生自以为他既批判了政治经济学，也批判了共产主义，其实他远在这两者之下。说他在经济学家之下，因为他作为一个哲学家，自以为有了神秘的公式就用不着深入纯经济的细节；说他在社会主义者之下，因为他既缺乏勇气，也没有远见，不能超出（哪怕是思辨地也好）资产者的眼界。

他希望成为合题，结果只不过是一种合成的错误。

他希望充当科学泰斗，凌驾于资产者和无产者之上，结果只是一个小资产者，经常在资本和劳动、政治经济学和共产主义之间摇来摆去。

第二节　分工和机器

照蒲鲁东先生的说法，**经济进化**的系列是由分工揭开的。

分工的好的方面 { "就实质而论，分工是实现条件上和智能上的平等的方法。"（第1卷第93页）

分工的坏的方面 { "对我们说来，分工变成了贫困的源泉。"（第1卷第94页）

另一种说法

"劳动按照它所特有的、构成其有效性的首要条件的规律进行划分，结果就会否定自己的目的，毁灭自己。"（第1卷第94页）

应当解决的问题 { 找寻"一种新的合成，以便消除分工的有害方面而保存其有益的作用。"（第1卷第97页）

　　在蒲鲁东先生看来，分工是一种永恒的规律，是一种单纯而抽象的范畴。所以，抽象、观念、文字等就足以使他说明各个不同历史时代的分工。种姓①、行会、工场手工业、大工业必须用一个**分**字来解释。如果你们首先将"分"字的含义好好加以研究，将来你们就不必再研究每个时代中赋予分工以某种特定性质的诸多影响了。

　　当然，如果把事物归结为蒲鲁东先生的范畴，那未免把这些事物看得太简单了。历史的进程并非是那样绝对的。德国为了实现城乡分离这第一次大分工，整整用了三个世纪。城乡关系一改变，整个社会也跟着改变。即使只拿分工的这一方面来说，这里是古代的共和国，或是基督教的封建制度，那里则是古老的英国和它的贵族，或是现代的英国和它的棉纱大王（cotton-lords）。14世纪和15世纪，殖民地尚未出现，对欧洲说来美洲还不存在，同亚洲的交往只有通过君士坦丁堡一个地方，贸易活动以地中海为中心，那时候分工的形式和表现，与17世纪西班牙人、葡萄牙人、荷兰人、英国人和法国人已在世界各处拥有殖民地时的分工完全不同。市场的大小和它的面貌所赋予各个不同时代的分工的面貌和性

----

① 　种姓是职业世袭、内部通婚和不准外人参加的社会等级集团。种姓的出现和阶级社会形成时期的分工有关。种姓制度曾以不同形式存在于古代和中世纪各国，但在印度社会中表现得最为典型。古印度的《摩奴法典》规定有四个种姓：婆罗门、刹帝利、吠舍及首陀罗。

质，单从一个"分"字，从观念、范畴中是很难推论出来的。蒲鲁东先生说：

"从亚当·斯密以来，所有的经济学家都指出过分工的规律的**有益方面和有害方面**，但是他们常常更多地强调前者，因为这样做更适合他们的乐观主义，同时没有一个经济学家反问过自己：一个规律的有害方面是什么……一个始终一贯的原理怎么会产生截然相反的结果呢？无论在亚当·斯密以前或在他以后，甚至没有一个经济学家看出，这里有一个需要阐明的问题。萨伊承认，在分工中，那个产生善的原因同样也产生恶。"

亚当·斯密比蒲鲁东先生所想象的要看得远些。他很清楚地看到"个人之间天赋才能的差异，实际上远没有我们所设想的那么大；这些十分不同的、看来是使从事各种职业的成年人彼此有所区别的才赋，与其说是分工的**原因**，不如说是分工的**结果**"。从根本上说，搬运夫和哲学家之间的差别要比家犬和猎犬之间的差别小得多，他们之间的鸿沟是分工掘成的。这一切并未妨碍蒲鲁东先生在另一处说：亚当·斯密甚至一点也没有想到分工还有有害的一面，因此他还说：让·巴·萨伊**第一个**承认，"在分工中，那个产生善的原因同样也产生恶"。

但是，让我们听听勒蒙泰吧；让人人各得其所。

"让·巴·萨伊先生在他的一篇卓越的政治经济学论著中采纳了
我在论分工的道德影响这一节中提出的原理，这使我感到荣幸。他
没有提到我的名字，大概是因为我那本书①的标题失之浅薄。我只能
以此来解释作家的沉默。这位作家由于自己的根底深厚，因此可以
否认这种小小的剽窃。"（《勒蒙泰全集》1840年巴黎版第1卷第
245页）

让我们给勒蒙泰以公正吧：他机智地描绘了今天所实行
的这种分工的有害的结果，蒲鲁东先生对这一点未能作任何
补充。既然由于蒲鲁东先生的过错我们已卷入谁在先的争论，
那么不妨再顺便说一下，在勒蒙泰之前很久，而且在亚当·
斯密以前17年，斯密的老师亚·弗格森在专门论分工的一章
中就已清楚地阐述了这一点。

"甚至可以怀疑一个民族的一般能力的增长是否同技术进步成正
比例。在若干门机械技艺中……没有任何智慧和情感的参与也完全
可以达到目的，正如无知是迷信之母一样，它也是工业之母。思索
和想象会产生错误，但是手或脚的习惯动作既不靠思索，也不靠想
象。所以可以说，在工场手工业方面，其最完善之处在于不用脑力

---

① 指皮·勒蒙泰的《理智和愚蠢各抒己见。供年长智低者阅读的简明伦理教
程》1801年巴黎版。

参与，因此，不费任何思索就可以把作坊看做一部由人构成的机器……一位将军可能是十分精通战争艺术的人，而士兵的全部价值却只是完成一些手脚的动作。前者之所得可能就是后者之所失……在这一切都互相分离的时期，思维的技艺本身可以自成一个独立的行业。"[亚·弗格森《论市民社会史》1783年巴黎版（第108—110页）]

为了结束这场文献的涉猎，我们明确地否认"所有的经济学家更多强调的是分工的有益方面而不是有害方面"。只需举出西斯蒙第就可以了。

因此，一说到分工的**有益方面**，蒲鲁东先生就只有把众所周知的一般词句多少加以夸大，重说一番。现在让我们来看看，蒲鲁东先生怎样从被当做普遍规律、范畴和观念来看待的分工中引申出同它有关的**有害方面**。这个范畴、这个规律怎么会包含一种损害蒲鲁东先生的平均主义体系的不平等的分工呢？

"在这分工的庄严时刻，狂风开始袭击人类。进步并不对一切人都是平等划一的……它首先只及于少数的特权者……这是进步对人的偏私，它使人长期相信在地位上有自然的和天命的不平等，并且它产生了种姓，建立了一切社会的等级制度。"（蒲鲁东《贫困的哲学》第1卷第94页）

分工产生了种姓。种姓就是分工的有害方面，因此，有害方面是由分工产生的。这正是需要证明的。如果我们想进一步问，什么使得分工产生种姓、等级制度和特权呢？蒲鲁东先生会回答我们说：是进步。但是又是什么引起进步呢？界限。界限，这就是蒲鲁东先生所谓的进步对人的偏私。

哲学之后接着就是历史。这已不是叙述的历史，也不是辩证的历史，而是比较的历史。蒲鲁东先生将现代的和中世纪的印刷工人，将克列索工厂的工人和乡村的铁匠，将现代的作家和中世纪的作家加以对比；他使天平的一端倾向于那些多少代表在中世纪形成或由中世纪留传下来的分工的人们。他把一个历史时代的分工和另一历史时代的分工对立起来。这就是蒲鲁东先生应当证明的吗？不是。他应当向我们表明一般分工，即作为范畴的分工的有害方面。不过，既然在后面不远我们就会看到蒲鲁东先生自己正式收回了这一切假造的论据，我们又何必老是停留在他的著作的这一部分上面呢？蒲鲁东先生继续写道：

"自**灵魂被损害**以来，劳动被分散的第一个结果就是延长工作日，使工作日同脑力消耗的总量成反比例增长……但是，工作日的长度不可能超过16—18小时，所以，自从不能靠增加劳动时间来补偿时起，补偿就要靠价格，于是工资就要降低……有一点是不容怀疑而且我们必须在这里指出的，这就是**普遍的良心**并不会把工头的工作和小工的劳动等同看待。**因此**，工作日的价格必然降低。这样一来，一个劳动者除了由于执行屈辱身份的职能而使灵魂受尽摧残以外，还免不了要忍受由于报酬微薄所产生的肉体上的痛苦。"

我们不打算谈这种三段论法的逻辑价值，康德会把它叫做使人误入歧途的谬论。

它的实质就是：

分工使工人去从事屈辱身份的职能；被损害的灵魂与这种屈辱身份的职能相适应，而工资的不断急降又与灵魂的被损害相适应。要证实降低了的工资与被损害的灵魂相适应，蒲鲁东先生为了不受良心责备，便说，这是普遍良心所希望的。请问，这种普遍良心包括不包括蒲鲁东先生的灵魂呢？

在蒲鲁东先生看来，**机器**是"分工的逻辑反题"，而他用自己的辩证法一开始便把机器变成**工厂**。

为了从分工中推论出贫困，蒲鲁东先生假设了现代工厂；接着他又假设由分工产生的贫困，以便得出工厂并且可以把工厂看做这种贫困的辩证的否定。蒲鲁东先生在精神上用**屈辱身份的职能**、在肉体上用工资微薄的办法惩罚了劳动者，使工人**附属于工头**，并把他的劳动降低到小工劳动的水平；随后他又责怪工厂和机器，说它们通过"使劳动者从属于他的**主人**"的办法**屈辱**他的身份，而且，为了彻底贬低劳动者，又使他"从手艺人的地位下降到**小工**的地位"。真是绝妙的辩证法！如果他到此为止倒也罢了。可是不然。他还需要分工的新的历史，不过这一次已不是为了从中引导出矛盾，而是为了按照自己的方式来改造工厂。为此目的，他必须忘记刚才关于分工所讲的一切。

劳动的组织和划分视其所拥有的工具而各有不同。手推磨所决定的分工不同于蒸汽磨所决定的分工。因此，先从一般的分工开始，以便随后从分工得出一种特殊的生产工具——机器，这简直是对历史的侮辱。

机器正像拖犁的牛一样，并不是一个经济范畴。机器只是一种生产力。以应用机器为基础的现代工厂才是社会生产关系，才是经济范畴。

现在且来看看蒲鲁东先生卓越的想象中的情况究竟是怎样的。

"社会上机器的不断出现，就是劳动的反题，即反公式，这是工业天才对**被分散的和杀人的劳动的抗议**。其实什么是机器呢？**这就是把分工后互相分开的劳动的不同部分联结起来的一种方式**。每一台机器都可以看做多种操作的结合……因此，通过机器会**使劳动者复原**……在政治经济学中同分工相对立的机器，在人脑中则是同分析相对立的合题……分工只不过使劳动的不同部分互相分开，让每一个人都从事他最合心意的专业，工厂按照每个部分对整体的关系来组合劳动者……它把权威原理带入劳动领域……但是，还不止于此，**机器**或**工厂**通过使劳动者从属于他的主人的办法屈辱他的身份，并彻底贬低他，强使他从手艺人的地位下降到小工的地位……我们现在所处的时期即机器时期有一个突出的特点，就是**雇佣劳动**。雇佣劳动是在分工和交换**之后出现的**。"

我们提醒蒲鲁东先生注意一个简单的事实。把劳动分为不同的部分，让每一个人都有可能从事他最合心意的专业，——蒲鲁东先生认为这种现象始于世界之初，其实，它仅仅是在竞争居于统治地位的现代工业中才存在。

其次，蒲鲁东先生为了表明分工怎样产生工厂，工厂又怎样产生雇佣劳动，他给我们拿出了一份非同寻常的"有趣的家谱"。

（1）他假设一个人，这个人"注意到，把生产分为不同的部分并让单个的工人来从事其中的每一部分"，这样就可以扩大生产力。

（2）这个人抓住这个思想线索向自己说，只要把那些为了实现他给自己**提出的**特殊目的而配备的劳动者组成一个经常性的集团，他就会得到比较持久的生产等等。

（3）这个人向别人提出**建议**，要求他们领会他的思想，抓住这个思想线索。

（4）在工业刚开始的时候，这个人和**自己的同伴们**，即后来变成**他的工人**的那些人的关系是**彼此平等**的。

（5）"当然，可想而知，由于主人的有利地位和雇佣工人的从属性，这种原始的平等势必迅速消失。"

这就是蒲鲁东先生的**历史的叙述的方法**的又一标本。

现在让我们用历史的和经济的观点来考察一下，工厂或机器是否真是在分工之后把**权威原理**带入社会；工厂或机器是不是一方面恢复劳动者的权威，而另一方面又同时使劳动者从属于权威，机器是不是被分割的劳动的新的合成，是不是同劳动的**分析**相对立的劳动的**合题**。

社会作为一个整体和工厂的内部结构有共同的特点，这就是社会也有它的分工。如果我们以现代工厂中的分工为典型，把它运用于整个社会，那么我们就会看到，为了生产财富而组织得最完善的社会，毫无疑问只应当有一个起指挥作用的企业主按照预先制定的规则将工作分配给共同体的各个成员。可是，实际上情况却完全不是这样。当现代工厂中的分工由企业主的权威详细规定的时候，现代社会要进行劳动分配，除了自由竞争之外没有别的规则、别的权威可言。

在宗法制度、种姓制度、封建制度和行会制度下，整个社会的分工都是按照一定的规则进行的。这些规则是由哪个立法者确定的吗？不是。它们最初来自物质生产条件，只是过了很久以后才上升为法律。分工的这些不同形式正是这样才成为同样多的社会组织的基础。至于工场内部的分工，它在上述一切社会形式中是很不发达的。

甚至下面一点也可以确立为普遍的规则：社会内部的分工越不受权威的支配，工场内部的分工就越发展，越会从属于一人的权威。因此，在分工方面，工场里的权威和社会上的权威是互成**反比**的。

现在我们要来看看，作业被截然划分，每个工人的劳动只是极其简单的操作，各种工作都由权威即资本来安排部署的工厂是一种什么东西。这种工厂是怎么产生的呢？要回答这个问题，我们应当考察一下，真正的工场手工业是怎样发展起来的。我指的是尚未变成拥有机器的现代工业，但已不是中世纪的手工业或家庭工业的那种工业。我们不想讲得太详细，只想指出几个要点来说明，历史是不能靠公式来创造的。

形成工场手工业的最必要的条件之一，就是由于美洲的发现和美洲贵金属的输入而促成的资本积累。

交换手段扩大的结果一方面是工资和地租跌价，另一方面是工业利润增多，这一点已毫无疑义。换句话说，土地所有者阶级和劳动者阶级，即封建主和人民衰落了，资本家阶级，资产阶级则相应地上升了。

同时，绕道好望角这条航道同东印度通商后流通中商品量的增加，殖民地制度，以及海上贸易的发展等也促进了工场手工业的发展。

在工场手工业的历史上还没有获得足够重视的另一个情况，就是封建主遣散了无数的侍从，其中的下层人员在未进入作坊之前变成了流浪汉。在手工作坊建立以前，15世纪和16世纪中流浪现象是极为普遍的。此外，作坊还找到了大量的农民这个强有力的支柱，数百年来，由于耕地变成了牧场以及农业进步减少了耕作所需要的人手，大批农民不断被赶出乡村而流入城市。

市场的扩大、资本的积累、各阶级的社会地位的改变、被剥夺了收入来源的大批人口的出现，这就是工场手工业形成的历史条件。把人们聚集到作坊里去的并不是蒲鲁东先生所说的那种平等者之间的友好协定。工场手工业并不发生在古老的行会内部。主持现代作坊的是商人而不是从前的行会师傅。工场手工业和手工业之间几乎到处都进行着激烈的斗争。

生产工具和劳动者的积累与积聚，发生在作坊内部分工发展以前。工场手工业不是将劳动分解并使专业工人去适应很简单的操作，而是将许多劳动者和许多种手艺集合在一起，在一所房子里面，受一个资本的支配。

手工作坊的益处并不在于真正的分工，而是在于可以进行较大规模的生产，可以减少许多不必要的费用等等。16世纪末17世纪初荷兰的工场手工业几乎还不知道分工。

劳动者集合在一个作坊是分工发展的前提。无论在16世纪或是17世纪，我们都找不出这样的例子：同一手艺的各部门已经互相分离到这样的程度，以致只要把它们集合在一个场所就可以形成一个完全现成的作坊。但是只要人和工具被集合到一个场所，过去以行会形式存在过的那种分工就必然会再度出现并在作坊内部反映出来。

如果说蒲鲁东先生能看见事物的话，他是把它们颠倒过来看的。在他看来，亚当·斯密所说的分工出现在作坊之前，可是实际上这种作坊却是分工存在的条件。

真正的**机器**只是在18世纪末才出现。把机器看做分工的**反题**，看做使被分散了的劳动重归统一的**合题**，真是荒谬之极。

机器是劳动工具的集合，但决不是工人本身的各种劳动的组合。

"当每一种特殊的操作已被分工化为对一种简单工具的使用时，由一个发动机开动的所有这些工具的集合就构成机器。"〔拜比吉《论机器……的节约》1833年巴黎版（第230页）〕

简单的工具，工具的积累，合成的工具；仅仅由人作为动力，即由人推动合成的工具，由自然力推动这些工具；机器；有一个发动机的机器体系；有自动发动机的机器体系——这就是机器发展的进程。

生产工具的积聚和分工是彼此不可分割的，正如政治领域内国家权力的集中和私人利益的分化不能分离一样。英国在土地这种农业劳动工具积聚的时候，也有农业分工，并且还使用机器开发土地。而在法国，工具分散，即存在着小块土地制度，一般说来，这里既没有农业分工，也没有机器在土地上的应用。

在蒲鲁东先生看来，劳动工具的积聚就是分工的否定。而实际上我们看到的又是相反的情况。工具积聚发展了，分工也随之发展，并且反过来也一样。正因为这样，机械方面的每一次重大发展都使分工加剧，而每一次分工的加剧也同样引起机械方面的新发明。

在英国，机器发明之后分工才有了巨大进步，这一点无须再来提醒。例如，织布工人和纺纱工人过去多半是至今我们还可以在落后国家里看到的那些农民。机器的发明完成了工场劳动同农业劳动的分离。从前结合在一个家庭里的织布工人和纺纱工人被机器分开了。由于有了机器，现在纺纱工人可以住在英国，而织布工人却住在东印度。在机器发明以前，一个国家的工业主要是用本地原料来加工。例如：英国加工的是羊毛，德国加工的是麻，法国加工的是丝和麻，东印度和黎凡特①加工的则是棉花等等。由于机器和蒸汽的应

---

① 　地中海东岸诸国的旧称。

用，分工的规模已使脱离了本国基地的大工业完全依赖于世界市场、国际交换和国际分工。最后，机器对分工起着极大的影响，只要任何物品的生产中有可能用机械制造它的某一部分，这种物品的生产就立即分成两个彼此独立的部门。

还用得着谈论蒲鲁东先生在机器的发明和最初的应用中发现的**天命的**和慈善的**目的**吗？

在英国，当市场扩大到手工劳动不再能满足它的需求的时候，人们就感到需要机器。于是人们便想到应用18世纪时即已充分发展的机械学。

自动工厂一出现就表现出一些绝非慈善的行为。儿童在皮鞭下面工作；他们成了买卖的对象，有人为弄到儿童而同孤儿院订立了合同。所有关于徒工制度的法律一概废除，因为，用蒲鲁东先生的话来说，再也用不着综合的工人了。最后，自1825年起，一切新发明几乎都是工人同千方百计地力求贬低工人特长的企业主发生冲突的结果。在每一次多少有一点重要性的新罢工之后，总要出现一种新机器。而工人则很少在机器的应用中看到他们的权威的恢复，或如蒲鲁东先生所说，他们的**复原**。因此，在18世纪，工人曾经长期地反抗过正在确立的自动装置的统治。尤尔博士说道：

"在阿克莱以前很久，淮亚特发明了纺纱机械（一列沟槽轧辊）……主要的困难并不在于自动装置的发明……困难主要在于培

养必要的纪律，使人们抛弃毫无次序的工作习惯，帮助他们和自动
的大机器的始终如一的规律性运转融为一体。但是要发明一个适合
机器体系的需要和速度的工厂纪律法典并付诸实施，是一件非常吃
力的事情，这是阿克莱的可贵成就。"

　　总之，机器的采用加剧了社会内部的分工，简化了作坊
内部工人的职能，集结了资本，使人进一步被分割。当蒲鲁
东先生愿意当一个经济学家而暂时放弃"理性中的系列的发
展"时，他就从亚当·斯密在自动工厂刚刚产生的时期所写
的著作中汲取大量的学识。其实，亚当·斯密那时的分工和
我们在自动工厂里所见的分工之间有很大的差别。为了更好
地了解这个差别，只需从尤尔博士的《工厂哲学》中引证几
段就够了。

　　"当亚当·斯密写他那本关于政治经济学原理的不朽著作的时
候，自动工业体系还几乎不为人所熟悉。他认为分工就是使工场手
工业日臻完善的伟大原理。那是很自然的。他以别针的生产为例，
说明工人由于完成同一操作而日益熟练，因此工作得更快而且工价
也更便宜。他看到，根据这个原理，在工场手工业的每一部门中，
某些操作，如将铜丝切成等长部分就变得容易完成，而其余操作如
针头的成形和安装却仍较困难，由此他得出结论说，这样很自然就
会让一个工人去适应其中一项操作，这个工人的工资将和他的技艺
相适应。这种适应也就构成分工的本质。不过，在亚当·斯密博士

时代可以当做有用例子的东西，今天就只能使大家对工厂工业的实际原理产生误解。事实上，工作的划分，或者说得更确切一些，使工作适应各人不同的才能这一点，在自动工厂的操作计划中几乎不加考虑；相反，在每一个要求高度灵敏性和精确性的操作的地方，这种操作不再由熟练的但是往往容易做出各种不规则动作的工人来完成，而由某种专门的机械取而代之，因为机械的自动工作极有规则，只需小孩看管就行了。

因此，自动体系的原理就在于用机械技艺取代手工劳动，以及操作分解为各个组成部分以代替手工业者间的分工。在手工操作制度下，手工劳动通常是任何一件产品中花费最大的因素，而在自动体系下，手工业者的技艺就日益为看管机器的简单动作所代替。

人类天赋的弱点就是如此：工人越是熟练，他就越是有主见，越是难于驾驭，因而对机械体系说来也就越不适用，因为他的任意妄动会给整个机械体系带来莫大的损失。因此，现代工厂主的最大目标，就是通过科学和资本的结合，将工人的作用降低到仅仅使用他们的注意力和灵敏性，**而只要把他们固定在唯一的对象上面，**他们在青年时期就很容易使这两种能力达到完善的程度。

"在劳动分成各种等级的制度下，要使眼和手的技艺达到可以完成一些特别困难的机械操作，必须经过多年的训练，而在某种操作分解为由自动机器来完成的各个组成部分的制度下，这些基本组成部分的操作可以委托给一个只经过短期训练的平平常常的工人，必要的时候企业主甚至还可以任意把他从这一台机器调到另一台机器。这种变换显然是违背老规矩的，按照老规矩的分工，一个人固定做针头，另一个人固定磨针尖，这种千篇一律、枯燥无味的工作，使得工人逐渐愚钝……但在**均等化**原则即自动体系下，工人的能力只是进行轻松的操练"等等。"……由于他的业务只限于看管极其规律地运转的机器，所以他可以在很短的时期内学会这种业务，而当他从这一台机器调去看管另一台机器时，他的工作多样化了，并且由于他要考虑自己和同伴们的劳动所产生的共同配合，因而眼界也扩大了。因此，**工作均等分配**制度在通常的情况下不可能使工人的能力受抑制、眼界不开阔以及身体的发育受阻碍，把这些情况归咎于分工，倒并不是没有理由的。

"实际上，机器技术方面的一切改进措施都有始终不变的目的和趋势，那就是尽可能取消人的劳动，或者用女工、童工的劳动代替成年男工的劳动，用未经训练的工人的劳动代替熟练手艺工人的劳动，以求降低劳动的价格……这种只用眼灵手快的儿童而不用经验丰富的熟练工人的趋向，证明按照工人的不同熟练程度来分工的死板教条，终于为我们开通的厂主们抛弃了。"（安德鲁·尤尔《工厂哲学，或工业经济学》第1卷第1章）

现代社会内部分工的特点，在于它产生了特长和专业，同时也产生职业的痴呆。勒蒙泰说：

"我们十分惊异，在古代，一个人既是杰出的哲学家，同时又是杰出的诗人、演说家、历史学家、牧师、执政者和军事家。这样多方面的活动使我们吃惊。现在每一个人都在为自己筑起一道藩篱，把自己束缚在里面。我不知道这样分割之后活动领域是否会扩大，但是我却清楚地知道，这样一来，人是缩小了。"

　　自动工厂中分工的特点，是劳动在这里已完全丧失专业的性质。但是，当一切专门发展一旦停止，个人对普遍性的要求以及全面发展的趋势就开始显露出来。自动工厂消除着专业和职业的痴呆。

　　蒲鲁东先生连自动工厂的这唯一革命的一面也不懂，竟倒退一步，建议工人不要只做别针的十二部分中的一个部分，而要顺次做完它的所有十二部分。据说，这样工人就可得到做别针的从头到尾的全部知识。这就是蒲鲁东先生的综合劳动。进一步和退一步也构成一种综合运动，这一点谁也不会表示异议。

　　总括起来说，蒲鲁东先生没有超出小资产者的理想。为了实现这个理想，他除了让我们回到中世纪的帮工或者至多中世纪的手工业师傅那里以外，没有想出更好的办法。他在自己的著作中曾经谈到：人生在世，只要有一部杰作，只要有一次感觉到自己是人也就够了。无论就形式或实质来说，这难道不正是中世纪的手工业行会所要求的一部杰作吗？

第三节　竞争和垄断

竞争的好的方面 ｛ "对劳动来说，竞争和分工同等重要……要使**平等到来**，必须有竞争。"

竞争的坏的方面 ｛ "竞争的原理是自我否定。它的必然后果是把受它吸引的人消灭。"

一般的想法 ｛ "竞争的有害的结果同它带来的益处……逻辑上都是由它的原理产生的。"

应当解决的问题 ｛ "找出一个**调和的**原理，这一原理必须来自超乎自由本身的规律。"

　　另一种说法：

"因此，问题根本不在于消除竞争，消除竞争和消除自由同样是不可能的；问题在于为它找到一种均衡，我看就是**警察**。"

　　蒲鲁东先生一开始就维护竞争的永恒必然性，反对那些想以竞赛代替竞争的人们①。

────────

① 　恩格斯在1885年德文版上加了一个注："傅立叶主义者。——弗·恩·"

"无目的的竞赛"是不存在的。"每一热衷的对象都必然和热情本身对应：妇女是求爱者热衷的对象，权力是野心家热衷的对象，黄金是守财奴热衷的对象，桂冠是诗人热衷的对象，利润必然是工业竞赛的对象。竞赛就是竞争本身。"

竞争就是追逐利润的竞赛。工业竞赛必然是追逐利润的竞赛即竞争吗？蒲鲁东先生用肯定来证明这一点。我们已经看到，蒲鲁东先生认为，肯定就是证明，正如假定就是否定一样。

如果说求爱者热衷的直接**对象**是妇女，那么，工业竞赛的直接对象就是产品，而不是利润。

竞争不是工业竞赛而是商业竞赛。在我们这个时代，工业竞赛只是为了商业而存在。在现代各民族的经济生活中，甚至还有一些阶段，所有的人都患了一种不从事生产而专谋利润的狂热病。这种周期性的投机狂热，暴露出竞争竭力逃避工业竞赛的必然性的真正性质。

如果你们对14世纪的手工业者说：工业上的特权和全部封建组织即将废除，并由工业竞赛即所谓竞争来代替，那么他一定会回答你们说，各种同业公会、行会和商会的特权就是有组织的竞争。蒲鲁东先生说的"竞赛就是竞争本身"也正是这个意思。

"假如颁布一道法令，说从1847年1月1日起人人的劳动和工资
都有保障，那么工业上的极端紧张状态立即就会转变为严重的
松弛。"

现在我们看到的不是假定，不是肯定，也不是否定，而
是蒲鲁东先生为了证明竞争的必然性、它的永恒性是一些范
畴等等而专门颁布的一道法令。

如果我们以为只需颁布几道法令就可以摆脱竞争，那么
我们就永远摆脱不了竞争。如果我们更进一步建议废除竞争
而保留工资，那就等于建议用王室法令来做一些毫无意义的
事。但是各民族并不是按照王室法令来发展的。各民族在制
定这样一些法令之前，至少必须彻底改变他们在工业上和政
治上的生存条件，也就是要彻底改变他们的整个生活方式。

蒲鲁东先生会坚定不移地用自信的口吻回答我们说：这
是一个关于"史无前例地改变我们的本性"的假设，并且他
有权"把我们**排斥于辩论之外**"我们不知道他根据的又是哪
一道法令。

蒲鲁东先生不知道，整个历史也无非是人类本性的不断
改变而已。

"让我们根据事实来谈吧。法国革命既为了争取工业自由，也为

了争取政治自由，我们要明确地说，虽然法国在1789年未曾认识到它要求实现的原理的全部后果，可是它的愿望和期待都没有落空。谁想否认这一点，我认为他就丧失了任何批评的权利：我决不同一个原则上认为2500万人犯了自发性错误的论敌进行辩论…… 假如竞争不是社会经济的**原理**、**命运的法规**、**人类灵魂的簇种必然要求**，那么，为什么人们宁愿将同业公会、行会和商会废除，却不肯考虑将它们加以**修正**呢?"

这样说来，既然18世纪的法国人废除了同业公会、行会和商会而不是将它们改头换面，那么19世纪的法国人就应该把竞争改头换面而不是将它废除。既然竞争在18世纪的法国是作为某些历史需要的结果而形成的，那么它在19世纪的法国就不该由于另一些历史需要而被消除。蒲鲁东先生不懂得，竞争的形成同18世纪人们的现实发展有联系，他把竞争变成非现实的**人类灵魂**的某种必然要求。他会把那位对17世纪说来是伟大人物的柯尔培尔变成什么呢?

革命以后就出现了目前这种局面。蒲鲁东先生同样从这里猎取一些事实，来说明竞争的永恒性。他证明，像农业等这样一些生产部门，由于竞争这一范畴尚未充分发展，目前仍处于落后和衰败状态。说什么某些生产部门尚未发展到竞争的高度，而另外一些又还没有达到资产阶级的生产水平，这简直是痴人说梦，丝毫不能证明竞争的永恒性。

　　蒲鲁东先生的全部逻辑总括起来就是：竞争是我们现在借以在其中发展我们的生产力的一种社会关系。对于这个真理，他并没有在逻辑上加以说明，而是赋予了形式，而且往往是十分可笑的形式，他说：竞争是工业竞赛，是自由的时髦方式，是劳动中的责任，是价值的构成，是平等到来的条件，是社会经济的原理，是命运的法规，是人类灵魂的必然要求，是永恒公平的启示，是划分中的自由，是自由中的划分，是一个经济范畴。

　　"**竞争**和**联合**是相互依存的。它们不仅不互相排斥，甚至彼此间也没有**分歧**。谈论竞争就已经以**共同目标**为前提。可见，竞争并不是**利己主义**，而社会主义的最可悲的错误，正是在于它把竞争看成社会的**倾覆**。"

　　谈论竞争就是谈论共同目标，而这就证明：一方面，竞争是联合，另一方面，竞争不是利己主义。难道谈论**利己主义**就不是在谈论共同目标么？任何利己主义都是在社会中靠社会来进行活动的。可见，它是以社会为前提，即以共同的目标、共同的需要、共同的生产资料等等为前提的。因此，在社会主义者所说的竞争和联合之间甚至没有分歧，这难道是偶然的吗？

　　社会主义者很清楚，当前的社会是建立在竞争之上的。

既然他们自己就打算推翻当代社会，他们怎能责备竞争要推翻当代社会呢？既然他们认为未来的社会将要推翻竞争，他们又怎能反而指责竞争要推翻未来的社会呢？

往后，蒲鲁东先生又说，竞争是**垄断的对立面**，因此，竞争不可能是**联合的对立面**。

封建主义一开始就同宗法式的君主制对立；可见它并不同当时还不存在的竞争对立。难道由此就可以得出结论，说竞争同封建主义并不对立吗？

其实，**社会**、**联合**这样的字眼是可以用于一切社会的名称，既可以用于封建社会，也可以用于资产阶级社会——建筑在竞争上的联合。因此，怎么可能有认为仅仅靠**联合**这个词就可以驳倒竞争的社会主义者呢？蒲鲁东先生本人又怎能设想，仅仅把竞争说成是联合就可以维护竞争而反对社会主义呢？

刚才我们所讲的一切就是蒲鲁东先生所理解的竞争的好的一面。现在我们来谈谈竞争的坏的即否定的一面，谈谈它的缺陷，它的破坏性的、毁灭性的方面，有害的属性。

蒲鲁东先生为我们描绘的那种情景是非常阴暗的。竞争产生贫困，它酿成内战，"改变自然区域"，混合各民族，制造家庭纠纷，败坏公德，"搞乱公平、正义的概念"和道德的概念，更坏的是，它还破坏诚实而自由的贸易，甚至也不拿**综合价值**、固定而诚实的价格来代替。竞争使得人人失望，经济学家们也不例外。它把事情弄到自我毁灭的地步。

从蒲鲁东先生所说的竞争的这一切坏处看来，竞争岂不成了资产阶级社会关系及其原理和幻想的最具有分裂性和破坏性的因素吗？

我们要注意：竞争对资产阶级**关系**所起的破坏作用，将随着新生产力即新社会的物质条件在它的刺激下急剧地形成而日益增大。至少在这一点上竞争的坏的一面也会有它的好处。

"从竞争的起据来考察，作为一种经济状态或一个经济阶段的竞争，是……减少生产费用的理论的必然结果。"

在蒲鲁东先生看来，血液循环应当是哈维的理论的结果。

"**垄断**是竞争的必然结局，竞争在不断的自我否定中产生出垄断。垄断的这种起源就证明垄断的正当……垄断是竞争的天然对立面……可是，既然竞争是必要的，那么它本身就含有垄断的思想，因为垄断好像是每一个竞争的个体的屏障。"

我们和蒲鲁东先生一同感到高兴的是，他总算有一次把他的正题和反题的公式运用成功了。谁都知道，现代的垄断就是由竞争本身产生的。

一牵涉到内容，蒲鲁东先生就得依靠诗意的形象。竞争曾经把"劳动的每一细小部分"变成"一个好像是独立自主的领域，在这里每个人都表现了自己的力量和自己的独立性"。垄断是"每一个竞争的个体的**屏障**"。"独立自主的领域"至少和"屏障"同样好听。

蒲鲁东先生所讲的只是由竞争产生的现代垄断。但是，大家知道，竞争是由封建垄断产生的。可见，原来竞争是垄断的对立面，并非垄断是竞争的对立面。因此，现代垄断并不是一个单纯的反题，相反地，它是一个真正的合题。

正题：竞争前的封建垄断。

反题：竞争。

合题：现代垄断，它既然以竞争的统治为前提，所以它就是封建垄断的否定，同时，它既然是垄断，所以就是竞争的否定。

因此，现代垄断，资产阶级的垄断就是综合的垄断，是否定的否定，是对立面的统一。它是纯粹的、正常的、合理的垄断。蒲鲁东先生把资产阶级的垄断当做粗野的、**简陋的**、矛盾的、痉挛状态的垄断，这样他就陷入了和他的哲学自相矛盾的境地。蒲鲁东先生在垄断问题上不止一次提到过的罗西先生，大概对资产阶级垄断的综合性质理解得要深一些。他在自己的《政治经济学教程》中举出人为的和自然的垄断之间的区别。他说：封建的垄断是人为的，即专横的；资产阶级的垄断则是自然的，即合理的。

　　蒲鲁东先生推论说：垄断是一件好事，因为它是一个经济范畴，是"无人身的人类理性"的启示。竞争也是一件好事，因为它也是一个经济范畴。不过，不好的就是垄断的现实和竞争的现实。更坏的是垄断和竞争的互相吞噬。怎么办呢？设法找到这两个永恒思想的合题，把它从太古以来所寄居的神的怀抱中拉出来。

　　在实际生活中，我们不仅可以找到竞争、垄断和它们的对抗，而且可以找到它们的合题，这个合题并不是公式，而是运动。垄断产生着竞争，竞争产生着垄断。垄断者彼此竞争着，竞争者变成了垄断者。如果垄断者用局部的联合来限制彼此间的竞争，工人之间的竞争就要加剧；对某个国家的垄断者来说，无产者群众越增加，各国垄断者之间的竞争就越疯狂。合题就是：垄断只有不断投入竞争的斗争才能维持自己。

　　为了辩证地引导出随**垄断**而来的**税收**，蒲鲁东先生向我们谈到了**社会天才**。这位天才**勇敢地在他那条曲折的道路上**行进。

　　"他步伐坚定，**不后悔**也不踌躇；**走到垄断的拐角**，他用忧郁的目光回头一望，经过深思熟虑之后，便对一切产品课以照税，并建立起一套行政机构，以便**把全部职务交给无产阶级**并**由垄断**

者付给报酬。"

　　关于这位饿着肚子在曲折的道路上散步的天才有什么可说的呢？这种散步的唯一目的是通过税收来消灭资产者们，而税收恰恰为资产阶级保持统治地位提供了手段；关于这种散步，又有什么可说的呢？

　　为使读者约略地了解蒲鲁东先生对待经济细节的方法，只需说明一点就够了：他认为设立**消费税**是为了平等和救济无产阶级。

　　消费税只是随着资产阶级的兴起才得到了真正的发展。它在工业资本即靠直接剥削劳动来维持、再生产和不断扩大自己的持重而节俭的财富的手中，是对那些只知消费的封建贵族们的轻浮、逸乐和挥霍的财富进行剥削的一种手段。詹姆斯·斯图亚特在亚当·斯密的著作问世以前10年所发表的《政治经济学原理研究》一书中对消费税的这种原始目的有很好的描写。他说：

　　"在纯粹的君主制度下，君主对财富的增长似乎有些忌妒，所以就向发财致富的人征税，即向生产征税。而在立宪制度下，赋税主要落在日益贫困的人身上，即落在消费身上。因此，君主们向工业征税……比如人头税和财产税是根据纳税人的假定财富按比例征收的。每人按照假定的收益纳税。在立宪制度下，一般是向消费课税。

每人按照他支出的多少纳税。"

至于税收、贸易差额和信用（在蒲鲁东先生的理性中）出现的**逻辑顺序**，我们只要看到这一点就够了：英国资产阶级在奥伦治的威廉三世时期确立了自己的政治制度之后，一到它可能自由发展自己的生存条件时，立即建立了新的税收制度、公共信用和保护关税制度。

对于蒲鲁东先生在警察或税收，在贸易差额、信用、共产主义和人口等问题上搜索枯肠制定的理论，这些概略的说明已经足以使读者获得一个正确的观念。我们敢说，最宽容的评论也不会对这些章节进行认真的研究了。

第四节　所有权或租①

在每个历史时代中所有权是以各种不同的方式、在完全不同的社会关系下面发展起来的。因此，给资产阶级的所有权下定义不外是把资产阶级生产的全部社会关系描述一番。

① 在《哲学的贫困。答蒲鲁东先生的〈贫困的哲学〉》1847年巴黎—布鲁塞尔法文版目录中，第四节的标题为"土地所有权或地租"而在正文中第四节的标题为"所有权或租"但两者在理论内涵上没有什么区别，正如马克思在本文中指出的那样"虽然蒲鲁东先生表面上似乎讲的是一般的所有权，其实他所谈论的不过是土地所有权，地租而已"。1885年恩格斯亲自审定的德文版则把目录中第四节的标题改为"所有权或租"。

要想把所有权作为一种独立的关系、一种特殊的范畴、一种抽象的和永恒的观念来下定义，这只能是形而上学或法学的幻想。且然蒲鲁东先生表面上似乎讲的是一般的所有权，其实他所谈论的不过是**土地所有权，地租**而已。

"租和所有权一样，其起源可以说是在经济之外：它根源于同财富生产没有多少关联的心理上和道德上的考虑。"（第2卷第269页）

这样，蒲鲁东先就是承认自己在了解租和所有权产生的经济原因上是无能的。他承认这种无能使他不得不求助于心理上和道德上的考虑，这些考虑的确同财富生产没有多少关联，但是同他那狭隘的历史眼光却大有关系。蒲鲁东先生断言，所有权的起源包含有某种神秘的和玄妙的因素。但是，硬使所有权的起源神秘化也就是使生产本身和生产工具的分配之间的关系神秘化，用蒲鲁东先生的话来说，这不是放弃对经济科学的一切要求了吗？

蒲鲁东先生：

"**只是**提醒：在经济进化的第七个时代（即**信用**时代），现实曾为虚构所排挤，人的活动有在空虚里消失的危险，因此有必要**把人更紧地束缚于自然**，而租就是这种新契约的代价。"（第2卷第265页）

有 40 个埃巨的人①预感到后来会出现一个蒲鲁东先生，因而说："造物主先生，您怎么说都行。每个人都是自己世界的主人，可是您绝不能使我相信我们生活的这个世界是用玻璃做成的。"在您的世界里，信用是**使人消失于空虚**的手段，因此，**要把人束缚于自然**，所有权很可能是必要的。但是在现实生产的世界里，土地所有权总是出现在信用之前，所以蒲鲁东先生的惧怕空虚是不可能存在的。

不管租的起源怎样，只要它存在，它就是租佃者和土地所有者之间激烈争执的对象。这种争执的最终结果是什么呢？或者，换句话说，租的平均额怎样呢？请看蒲鲁东先生是怎么说的：

"李嘉图的理论回答了这个问题。在社会之初，人刚来到地球上，只见大片的森林，土地广袤无垠，而工业仅仅萌芽，在这个时候，租当然等于零。未经劳动开垦过的土地是使用对象，并不是交换价值，它是公共的，但不是社会的。由于家族繁衍和农业进步，土地开始具有价格。劳动使土地具有价值，由此产生了租。在付出等量劳动的情况下，收成越多的土地，价格也就越高，因此，所有者总是力求把除去租佃者的工资即除去生产费用以外的全部土地产

---

① 有 40 个埃巨的人是伏尔泰同名小说的主人公，他是一个农民，每年收入 40 个埃巨。埃巨是法国当时的币名。

品攫为己有。于是所有权就紧跟在劳动之后，以便从劳动那里夺取超过实际生产费用的全部产品。所有者执行着神秘的义务，并在佃农面前代表共同体，因此租佃者命中注定只是负有义务的劳动者，他有义务把超过他应得工资的全部所得向社会交代……因此，从本质和使命来说，租是一种可分配的公平的工具，是经济天才用来达到平等的无数手段之一。这是所有者和租佃者在不能秘密串通的情况下，为了更高的利益而从相反的角度编成的一份巨大的地籍册，其最终结果将是土地使用者和产业家平均占有土地……必须具备所有权的这种魔力，才能从佃农那里夺去他不能不视为己有的产品的余额，因为他认为自己是产品的唯一创造者。租，或者更恰当地说，所有权，摧毁了农业上的自私，产生了任何力量、任何土地的分割所不能产生的团结……现在，所有权已经获得道义上的成果，剩下的就只是分配租了。"

　　所有这些响亮的词句首先可以归结如下：李嘉图说，农产品价格超过它们的生产费用（包括资本的普通利润和利息在内）的余额，就是租的标准。蒲鲁东先生则更为高明，他使化装成解围之神①的所有者出面干预，从**佃农**那里夺去超过生产费用的全部产品余额。他利用所有者的干预来说明所有权，利用收租者的干预来说明租。他回答问题的方法就是提

————————

① 解围之神的原文为：deus ex machina，直译是"从机器里出来的神"（在古代剧院中，扮演神的演员是借助于特别的机械装置而出现在舞台上的）；转义是：突然出现的挽救危局的人。

出同样的问题，并在后面加上一个音节①。

我们还要注意一点，蒲鲁东先生用土地的不同肥力来决定租，使租又有了一个新的起源，因为他认为土地在按照不同肥力来估价之前"不是交换价值，而是公共的"。那么关于租的产生是由于有必要**使行将消失于无限空虚里**的人**回到土地上来**的这种虚构现在又到哪里去了呢?

李嘉图的学说被蒲鲁东先生用天命的、比喻的和神秘的语句煞费苦心地包扎起来了，现在我们来把它解开。

李嘉图所说的租就是资产阶级状态的土地所有权，也就是从属于资产阶级生产条件的封建所有权。我们看到，根据李嘉图的学说，一切物品的价格归根到底取决于生产费用，其中包括产业利润;换句话说，价格取决于所用的劳动时间。在工业生产中，使用劳动量最少的产品的价格决定着其余的同类产品的价格，因为最便宜而效率又最高的生产工具可以无限增加，而自由竞争必然产生市场价格，就是说，产生一种一切同类产品的共同价格。

与此相反，在农业生产中，使用劳动量最多的产品的价格决定一切同类产品的价格。首先，这里不能像工业生产中那样随意增加效率相同的生产工具，即肥力相同的土地。其次，随着人口的增加，人们就开始经营劣等地，或者在原有

---

① 　用propriétaire (所有者)的干预来说明propriété(所有权)，用rentier(收租者)的干预来说明白rente(租)。

土地上进行新的投资，这新的投资的收益比原始投资的收益
就相应地减少。在这两种情况下都是用较多的劳动量获得较
少的产品。人口的需要必然造成这种劳动的增加，因此耕作
费用较高的土地的产品就一定和耕作费用较低的土地的产品
同样有销路。但由于竞争使市场价格平均化，所以优等地的
产品就要同劣等地的产品等价销售。优等地的产品价格中超
过生产费用的余额就构成租。假如人们可以随时得到肥力相
同的土地，假如人们能够像在工业生产中一样也可以随时使
用费用较少而效率较高的机器，或者假如后来的投资和最初
的投资具有相同的生产效率，那么，农产品的价格就会像我
们所见的工业产品价格一样，取决于最好的生产工具所生产
的商品的成本价格。但是，从这时起租就会消失。

　　要使李嘉图的理论普遍正确，必须①使资本能够自由运用
于各生产部门；资本家之间高度发展的竞争必须使利润达到
同一水平，必须使租佃者变成产业资本家，他要从他投入劣
等地②的资本中取得相当于他投资于例如棉纺工业③时所能取

---

① 　在马克思送给娜·吴亭娜的那一本上面,这一句的开头改为"要使李嘉图
的理论(只要肯定它的前提)普遍正确,还必须"。

② 　在马克思送给娜·吴亭娜的那一本上面"投入劣等地"改为"投入土地"。

③ 　马克思在自用本中划去了"他投资于例如棉纺工业"并在左页边标明"任
何工业部门"。在送给娜·吴亭娜的那一本上面又恢复了"他投资于"因而整个
句子的这一部分就是"他投资于任何工业部门"(见《马克思恩格斯全集》中文
第1版第4卷第184页)。

得的利润；必须使土地的耕作按照大工业制度进行；最后，还必须使土地所有者本人只想得到货币收入。

在爱尔兰，土地租佃已高度发展，但是还没有租。①因为租不仅是扣除工资以后，而且还是扣除经营利润以后的余额，所以，如果所有者的收入只是来自克扣工资，租就不可能存在。

这样看来，租决不是把土地使用者、租佃者变成简单的劳动者，决不是"从佃农那里夺去他不能不视为己有的产品的余额"不是使土地所有者同奴隶、农奴、代役租的农民或雇工对立，而是同产业资本家对立②。土地所有权一旦构成租，它所占有的就只是超过生产费用（不仅由工资而且也由产业利润决定）的余额。可见，租从土地所有者那里夺去了他的一部分收入。③因此，经过一个很长的时期封建租佃者才被产业资本所取代。例如，在德国这种变化直到18世纪的

① 这句话在1896年巴黎版中为"可能发生像在爱尔兰那样的情况：土地租但已高度发展，但是还没有租"（参看《马克思恩格斯全集》中文第1版第4卷第184页）。
② 在1885年德文版中，这里作了如下的补充："他用雇佣工人来经营土地，他只是把超出包括资本的利润在内的生产费用的余额作为租金付给土地所有者"。
③ 在1885年德文版中，没有"土地所有权一旦构成租……他的一部分收入"这段话。

最后三四十年间才开始。只有在英国，产业资本家①和土地所有者之间的这种关系才得到了充分的发展。

当蒲鲁东先生的佃农孑然独存的时候，还没有出现租。可见，一出现了租，佃农就不再是租佃者而是工人，即租佃者的佃农。劳动者被贬低了，沦为替产业资本家干活的普通工人、日工和雇工；像经营任何一个工厂一样地经营土地的产业资本家出现了；土地所有者由一个小皇帝变成一个普通的高利贷者：这就是租所表现的各种不同的关系。

李嘉图所说的租就是把宗法式的农业变成商业性的产业，把产业资本投入土地，使城市资产阶级移到乡村。租并不**把人束缚于自然**，它只是把土地的经营同竞争连在一起。土地所有权一旦构成租，它本身就成为**竞争的结果**，因为从这时起土地所有权就取决于农产品的市场价值。作为租，土地所有权成为动产，变成一种交易品。只有在城市工业的发展和由此产生的社会组织迫使土地所有者只去追求商业利润，只去追求农产品给他带来的货币收益，迫使他最终把自己的土地所有权看成是为他铸造货币的机器以后，才可能有租。租使土地所有者完全脱离土地，脱离自然，他甚至不需要了解自己的领地，正像在英国那样。至于租佃者、产业资本家和

①　马克思在自用本中划去了"产业资本家"把"资本家"改写为"租佃者"，在左页边又一次加上了"租佃者"。在送给娜·吴亭娜的本子中也有这一改动。

农业工人，他们不再被束缚在他们所经营的土地上，正如厂
主和工厂工人没有被束缚在他们加工的棉花或羊毛上一样。
他们感到切身有关的只是他们的经营费用和货币收益。因此
反动势力便发出悲叹，祈求回到封建主义，回到美好的宗法
式生活里，恢复我们祖先的淳朴的风尚和伟大的德行。土地
也服从于支配任何其他产业的那些规律，这就是而且也永远
是私利哀悼的对象。因此，可以说，租成了将田园生活卷入
历史运动的动力。

尽管李嘉图已经假定资产阶级的生产是规定租的必要前
提，但是他仍然把他的租用于一切时代和一切国家的土地所
有权。这就是把资产阶级的生产关系当做永恒范畴的一切经
济学家的通病。蒲鲁东先生曾赋予租以天命的目的——把**佃
农**变成**负有义务的劳动者**，现在他从这个天命的目的转向租
的平均分配。

刚才我们已经看到，租是由于**肥力不等的**土地的产品具
有**同等的价格**造成的。所以假定 1 公石谷物在劣等地上的生
产费用是 20 法郎，那么，原来花费 10 法郎的 1 公石谷物就
可以卖到 20 法郎。

只要由于需要而不得不购买市场上的全部农产品，市场
价格就由最昂贵的产品的费用来决定。正是这种由竞争而不
是由土地的不同肥力产生的价格均等化，使优等地的所有者
能够从他的租佃者所卖出的每公石中取得 10 法郎的租。

我们暂且假定谷物的价格决定于生产它所必需的劳动时间，那么，优等地生产的每一公石谷物将按10法郎的价格出售，而劣等地生产的每一公石谷物就值20法郎。如果这个假定成立，那么，平均市场价格就是15法郎，但是按照竞争的规律，平均市场价格应为20法郎。假如平均价格等于15法郎，那么租要进行均等的或者别的什么方式的分配都不可能，因为租本身就不存在。只有在生产者用10法郎生产的1公石谷物能卖20法郎时，租才能存在。蒲鲁东先生假定生产费用不等而市场价格相等，那是为了把不等的产品进行均等的分配。

穆勒、舍尔比利埃、希尔迪奇等一些经济学家要求租归国家所有以代替税收，我们是可以理解的。这不过是产业资本家仇视土地所有者的一种公开表现而已，因为在他们的眼里，土地所有者在整个资产阶级生产中是一个无用的累赘。

但是，首先1公石谷物要按20法郎支付，然后再把从消费者身上多取的那10法郎普遍进行分配，这的确足以使**社会天才在他那条曲折的道路上行进时闷闷不乐**，并且一走到拐角就碰破了自己的脑袋。

租在蒲鲁东先生的笔下变成了：

"所有者和租佃者……为了更高的利益而从相反的角度编成的一份巨大的地籍册，其最终结果将是土地使用者和产业家平均占有土地"。

只有在当代社会的条件下，租所造成的某种地籍册才可能有实际意义。

但是，我们已经指出，租佃者向土地所有者交纳的租金只是在工商业最发达的国家里才多少正确地表现为租。而且这租金里面往往也还包含向所有者支付的投入土地的资本的利息。土地的位置、靠近城市以及其他许多情况都影响着租金，使租发生变化。这些不容置辩的论据足以证明，以租为基础的地籍册是不精确的。

另一方面，租不能作为表明一块土地肥力程度的固定指标，因为化学在现代的应用不断改变着土质，而地质科学目前又在开始推翻过去对相对肥力的估价。英国东部各郡的广阔土地直到大约20年前才着手开垦，在这以前，由于人们对腐殖质和下层土的构成之间的相互关系了解不够，这些土地没有开垦。

可见，在租方面，历史并没有给我们现成的地籍册，而只是把现有的地籍册加以改变或全部推翻。

最后，肥力并不像人们所想的那样是一种天然素质，它和当前的社会关系有着密切的联系。一块土地，用来种粮食可能很肥沃，但是市场价格可以驱使耕作者把它改成人工牧场因而变得不肥沃。

蒲鲁东先生发明那种甚至并不具备普通地籍册所具有的意义的地籍册，纯粹是为了用来体现租的**天命的平等的目的**。蒲鲁东先生继续说：

"租就是付给永存不灭的资本即土地的利息。但是由于这种资本不能在物质成分上有所扩大，只能在使用方法上不断改进，所以，虽然贷款（mutuum）的利息或利润由于资本充斥而有不断下降的趋势，但租将由于工业的更加完善和由此造成的土地使用方法的改进而有不断上升的趋势……这就是租的实质。"（第2卷第265页）

这一次蒲鲁东先生在租里面看到了利息的一切标志，所不同的只是，租是特种资本的利息。这种资本就是土地，它是永恒的资本，"它不能在物质成分上有所扩大，只能在使用上不断改进"。在文明的发展进程中，利息有不断下降的趋势，而租却有不断上升的趋势。利息由于资本充斥而下降，租由于工业更加完善和由此引起的土地使用方法的日益改进而上升。

这就是蒲鲁东先生的看法的实质。

首先我们看看所谓租是资本的利息这一说法有多少正确的成分。

对土地所有者本人来说，租代表他买进土地时所付出的资本的利息，或代表他卖出土地时所能收回的资本的利息。

但是在买卖土地时他买进或卖出的只是租。土地所有者为了取得租而付出的代价由一般利率而定，与租的性质本身无关。投入土地的资本的利息通常低于投入工商业的资本的利息。因此，如果不把土地给它的所有者带来的利息同租本身区分开来，那么土地资本的利息就要比其他资本的利息更低些。但是，问题不在租的买价或卖价，不在它的市场价值，不在资本化的租，而在租本身。

　　租金不仅包含真正的租，而且还可能包含投入土地的资本的利息。在这种情况下，土地所有者不是以土地所有者的身份而是以资本家的身份获得这一部分租金。不过，这并不是我们所要讲的真正的租。

　　只要土地不被用做生产资料，它就不是资本。正如所有其他生产工具一样，土地资本是可以增多的。按照蒲鲁东先生的说法，我们不能在土地的物质成分上添加任何东西，但是我们可以增加作为生产工具的土地。人们只要对已经变成生产资料的土地进行新的投资，就可以在不增加土地物质即土地面积的情况下增加土地资本。蒲鲁东先生的土地物质，就是有界限的土地。至于他赋予土地的永恒性，我们并不反对土地作为一种物质具有这种性质。但是土地资本也同其他任何资本一样不是永恒的。

　　产生利息的黄金和白银，也和土地一样是经久而永恒的。如果说金价、银价下跌而地价却上涨，那么，这决不是土地的或多或少的永恒性质造成的。

土地资本是固定资本，但是固定资本同流动资本一样也有损耗。土地方面已有的种种改良需要得到再生产和维持。这些改良只有在一定时期内才有效用，这和所有别的用来使物质变成生产资料的改良是一样的。假如土地资本是永恒的，那么，有些地方的面貌就会完全不同于今天，罗马坎帕尼亚地区、西西里岛和巴勒斯坦就会仍然放出昔日繁盛的全部光辉。

甚至有时有这样的情况：对土地实行的改良依然存在，而土地资本却已消失。

首先，这种情况每一次都是在真正的租由于有新的更肥沃的土地的竞争而被消灭的时候发生；其次，在一定时期内曾经具有价值的改良，在农艺学的发展使其普及以后，就不再具有这种价值了。

土地资本的代表不是土地所有者而是租佃者。土地作为资本带来的收入不是租而是利息和产业利润。有些土地产生这种利息和这种利润，但不产生租。

总之，土地只要提供利息，就是土地资本，而作为土地资本，它不提供租，不构成土地所有权。租是土地经营赖以进行的社会关系产生的结果。它不可能是土地所具有的多少是稳固的持续的本性的结果。租来自社会，而不是来自土壤。

在蒲鲁东先生看来"土地使用方法的改进"（"工业更加

完善"的后果）是租不断上升的原因。其实恰恰相反，这种
改进迫使租用期的下降。

一般说来，农业上或工业上的一切改良是怎么回事呢？
就是用同样多的劳动生产出更多的产品，就是用更少的劳动
生产出同样多或者更多的产品。由于这些改良，租佃者可以
避免用更多的劳动量获得比较少的产品。这时，他不需要耕
种劣等地，他在同一块土地上的连续投资可以保持相同的生
产率。因此，这些改良不但不能像蒲鲁东先生所说的那样不
断提高租，它们反而成为租上升的暂时障碍。

17世纪英国的所有者们非常明白这个真理，他们唯恐自
己的收入减少，就反对农业主的成就。（见查理二世时期英国
经济学家配第的著作①）

第五节　罢工和工人同盟

"任何旨在提高工资的运动除了使粮食、酒等等涨价即引起生活
必需品的匮乏以外，不可能产生别的结果。要知道，什么是工资？
工资就是粮食……的成本，就是一切物品的全部价格。再进一步说，
工资就是构成财富的各种要素同劳动群众每日为再生产而消费的各
种要素的比例。因此，将工资提高一倍……就等于发给每一个生产
者一份比他的产品更大的份额，这是矛盾的。如果只是在少数产业

————————
①　指配第《政治算术》。

中提高，就会使交换普遍混乱，总之，会引起生活必需品的匮乏……我可以断言：导致提高工资的罢工不能不引起**价格的普遍上涨**，这同二加二等于四一样确实。"（蒲鲁东《贫困的哲学》第1卷第110和111页）

除了二加二等于四以外，我们否定上述一切论点。

首先，不可能有**价格的普遍上涨**。如果一切物品的价格都和工资同时增加一倍，价格并没有变化，起变化的只是说法而已。

其次，普遍提高工资决不会引起商品价格或多或少的普遍上涨。实际上，假如一切生产部门都按照固定资本或所用劳动工具的比例使用等量的工人，那么，普遍提高工资就会使利润普遍降低，而商品的市场价格却不会有任何变化。

但是，由于各生产部门中手工劳动对固定资本的比例并不一样，所以凡固定资本较多而工人较少的生产部门迟早总不得不降低自己的商品价格。反之，如果它们的商品价格不降低，它们的利润就一定会超过利润的一般水平。机器不是雇佣工人。因此，普遍提高工资对于那些使用机器较多而工人较少的生产部门，影响就比较小。但是，由于竞争不断使利润平均化，超过一般水平的利润只能是暂时的。可见，如果除去某些波动情况，普遍提高工资的结果就不是蒲鲁东先生所说的价格普遍上涨，而是价格的局部下跌，主要是用机器制造的商品的市场价格的下跌。

利润和工资的提高或降低只是表示资本家和工人分享一个工作日的产品的比例，在大多数情况下不会影响产品的价格。至于"导致提高工资的罢工引起价格的普遍上涨，甚至引起生活必需品匮乏"，这种思想只有在不可理解的诗人的头脑里才能出现。

在英国，罢工常常引起某种新机器的发明和应用。机器可以说是资本家用来对付熟练劳动者反抗的武器。现代工业中一个最重大的发明——自动走键纺纱机击溃了进行反抗的纺纱工人。即使说同盟和罢工的结果只是引起各种用来对付同盟和罢工的机械发明，那么仅就这一点来说，同盟和罢工对工业的发展也是有巨大影响的。蒲鲁东先生继续说：

"我在莱昂·福适先生1845年9月……发表的一篇文章中看到：近来英国工人对**同盟**已不发生兴趣（这当然是一种进步，我们只有向他们表示祝贺），然而工人在精神上的这种改善主要是经济上开化的结果。在博尔顿的一次集会上一个纺纱工人大声说过：'工资不是由厂主决定的。在萧条时期老板们可以说只是充当必然性手中的鞭子，不管他们愿意不愿意，他们只得鞭打。起调节作用的原理是供求关系，而老板们对此是无能为力的'……蒲鲁东先生大叫道：'好啊，这就是驯良的模范工人'……'英国过去是不存在这种贫困的，但愿它不要跨过海峡。'"（蒲鲁东《贫困的哲学》第1卷第261和

262 页）

在英国的各城市中，博尔顿的激进主义声势最大。博尔顿的工人是以革命最坚决闻名的。当英国为废除谷物法①而掀起广泛的鼓动宣传的时候，英国厂主们认为，只有让工人打先锋，他们才能对付土地所有者。但是由于工人利益同厂主利益的对立并不亚于厂主利益同土地所有者利益的对立，所以，很自然，厂主们在工人的集会上是注定要失败的。厂主们干了些什么呢？为了顾全面子，他们组织了一些主要由工头、少数忠于他们的工人和道地的**生意朋友**参加的集会。后来，真正的工人要参加集会（当时博尔顿和曼彻斯特的情况就是这样），反对这种虚假的示威，却被拒之门外，说这是凭票入场的集会，意思是只有持入场券的人才能参加。可是墙上的招贴明明写的是公众的大会。每逢举行这种集会的时候，

---

① 谷物法是英国历届托利党内阁为维护大土地占有者的利益从 1815 年起实施的法令，旨在限制或禁止从国外输入谷物。谷物法规定，当英国本国的谷物价格低于每夸特 80 先令时，禁止输入谷物。1822 年对这项法律作了某些修改，1828 年实行了滑动比率制，即国内市场谷物价格下跌时提高谷物进口关税，反之，谷物价格上涨时降低谷物进口关税。谷物法的实施严重影响了贫民阶层的生活，同时也不利于工业资产阶级，因为它使劳动力涨价，妨碍国内贸易的发展。谷物法的实施引起了工业资产阶级和土地贵族之间的斗争，这场斗争是由曼彻斯特的两个纺织厂主理·科布顿和约·布莱特于 1838 年创立的反谷物法同盟（见注 31）领导，在自由贸易的口号下进行的。1846 年 6 月 26 日英国议会通过了《关于修改进口谷物法的法令》和《关于调整某些关税的法令》，从而废除了谷物法。

厂主们的报纸总是大登特登有关会上发言的报道。不用说，在会上发言的都是一些工头。伦敦的报纸一字不改地将他们的发言全文转载。不幸蒲鲁东先生竟把工头当成普通工人，而且严禁他们渡过海峡。

1844 年和 1845 年罢工的消息比往年少了，这是因为 1844 年和 1845 年是 1837 年后英国工业繁荣的头两年。尽管这样，那时并没有一个**工联**解散。

现在我们来听听博尔顿的工头们的发言。他们说，厂主不能操纵工资，因为厂主不能操纵产品价格，其所以不能操纵产品价格，则是因为厂主不能操纵世界市场。于是他们根据这个理由，要求工人们懂得：不应当组织同盟来要挟老板增加工资。蒲鲁东先生则相反，他禁止组织同盟是唯恐引起工资的提高，因而引起生活必需品的普遍匮乏。不言而喻，主头们和蒲鲁东先生在提高工资就等于提高产品价格这一点上是同声相应的。

但是，使蒲鲁东先生恼怒的真正原因是不是唯恐引起生活必需品的匮乏呢？不是。他对博尔顿的工头们恼怒纯粹是因为他们用**供求关系**来确定价值，毫不关心**构成价值**，即达到构成状态的价值，毫不关心价值的构成，其中包括**不断的交换可能性**以及其他一切同天命并列的**关系的比例性**和**比例性的关系**。

"工人罢工是**违法的**，不仅刑法典上如此规定，而且经济体系、现存制度的必然性也说明这一点……每一个工人有个人支配自己的人身和双手的自由，这是可以容忍的，但是社会不能容许工人组织同盟来压制垄断。"（第1卷第334和335页）

蒲鲁东先生想把刑法典的条文说成是资产阶级生产关系的必然的和普遍的结果。

在英国，组织同盟是议会的法令所认可的，而且正是经济制度迫使议会以法律的形式作出了这种认可。1825年，在哈斯基森大臣任内，议会必须修改法律才能更加适应自由竞争所造成的环境，在这个时候，议会不得不废除一切禁止工人组织同盟的法律。现代工业和竞争越发展，产生和促进同盟的因素也就越多，而同盟一经成为经济事实并日益稳定，它们也必然很快地成为合法的事实。

因此，刑法典的有关条文至多只能证明，在制宪议会和帝制时期，现代工业和竞争还没有得到充分发展。①

经济学家和社会主义者②在谴责**同盟**这一点上是一致的，

---

① 当时在法国实行的法律，如1791年资产阶级革命时期制宪议会通过的所谓列抄白里哀法案和拿破仑帝制时期制定的刑法典，都禁止工人建立工人联合会和组织罢工，违者受到严厉的惩处。在法国，对工会的禁令到1884年才撤销。

② 恩格斯在1885年德文版上加了一个注："指当时的社会主义者，在法国是傅立叶主义者，在英国是欧文主义者。——弗·恩·"

只是动机各不相同而已。

　　经济学家向工人说：不要结成同盟。如果你们结成同盟，就会阻碍工业的正常进程，妨碍厂主满足订货要求，扰乱商业，加速采用机器，而机器会使你们的一部分劳动毫无用处，从而迫使你们接受更低的工资。再说，你们的行动肯定是徒劳的。你们的工资总是决定于人手的供求关系，抗拒政治经济学的永恒规律，不但可笑，而且危险。

　　社会主义者向工人说：不要结成同盟，你们这样做最终会得到什么呢？能提高工资吗？经济学家可以非常清楚地向你们证明：即使事情顺利，在短期内多拿到几文钱，但是以后工资要永远减少下去。熟练的核算家会向你们证明：单是你们组织和维持同盟所必需的一笔经费，就需要经过若干年才能从提高的工资中得到补偿。而我们，作为社会主义者则要告诉你们：即使不谈钱的问题，你们也决不会因为结成了同盟就不再当工人，而老板将来却照旧当他的老板。所以，不需要任何同盟，不需要任何政治，因为组织同盟不就是搞政治吗？

　　经济学家希望工人在目前已经形成、经济学家已经在自己的教科书里加以描述并予以肯定的社会里停滞不前。

　　社会主义者劝告工人不要触动旧社会，以便更好地进入他们用非凡的先见之明为工人准备就绪的新社会。

　　不管什么经济学家和社会主义者，不管什么教科书和乌托邦，同盟片刻不停地随着现代工业的发展和成长而日益进步和扩大。现在甚至可以说，同盟在一国内的发展程度可以确切地表明该国在世界市场等级中所占的地位。工业最发达的英国就有最大的而且组织得最好的同盟。

在英国，工人们就不限于组织一些除临时罢工外别无其他目的并和罢工一起结束的局部性同盟。他们还建立经常性的同盟——**工联**，作为工人同企业主进行斗争的堡垒。现在，所有这些地方工联已组成为全国职工联合会①，拥有会员8万人，中央委员会设在伦敦。这些罢工、同盟、工联是与工人的政治斗争同时并进的，现在工人们正在**宪章派**②的名义下形成一个巨大的政党。

劳动者最初企图**联合**时总是采取同盟的形式。

大工业把大批互不相识的人们聚集在一个地方。竞争使他们的利益分裂。但是维护工资这一对付老板的共同利益，使他们在一个共同的思想（反抗、组织**同盟**）下联合起来。

---

① 全国职工联合会是英国工联的组织，成立于1845年。联合会的活动仅限于争取出卖劳动力的优惠条件和改善工厂立法的经济斗争。联合会一直存在到60年代初，但是1851年以后它在工会运动中便没有发挥太大作用。

② 宪章派指宪章运动（见注150）的参加者。宪章运动是19世纪30—50年代中期英国工人的政治运动，其口号是争取实施人民宪章。人民宪章要求实行普选权并为保障工人享有此项权利而创造种种条件。宪章派的领导机构是"宪章派全国协会"，机关报是《北极星报》，左翼代表人物是乔·哈尼、厄·琼斯等。恩格斯称宪章派是"近代第一个工人政党"（见《马克思恩格斯文集》第3卷第517页）。

因此，同盟总是具有双重目的：消灭工人之间的竞争，以便同心协力地同资本家竞争。反抗的最初目的只是为了维护工资，后来，随着资本家为了压制工人而逐渐联合起来，原来孤立的同盟就组成为集团，而且在经常联合的资本面前，对于工人来说，维护自己的联盟，就比维护工资更为重要。下面这个事实就确切地说明了这一点：使英国经济学家异常吃惊的是，工人们献出相当大一部分工资支援经济学家认为只是为了工资而建立的联盟。在这一斗争（真正的内战）中，未来战斗的一切必要的要素在聚集和发展着。一旦达到这一点，联盟就具有政治性质。

经济条件首先把大批的居民变成劳动者。资本的统治为这批人创造了同等的地位和共同的利害关系。所以，这批人对资本说来已经形成一个阶级，但还不是自为的阶级。在斗争（我们仅仅谈到它的某些阶段）中，这批人联合起来，形成一个自为的阶级。他们所维护的利益变成阶级的利益。而阶级同阶级的斗争就是政治斗争。

我们应当把资产阶级的历史分为两个阶段：第一是资产阶级在封建主义和专制君主制的统治下形成为阶级；第二是形成阶级之后，推翻封建主义和君主制度，把社会改造成资产阶级社会。第一个阶段历时最长，花的力量也最多。资产阶级也是从组织反对封建主的局部性同盟开始进行斗争的。

对资产阶级所经历的各个历史阶段——从城市自治团体

直到构成阶级，已有不少的探讨。

但是，当问题涉及到对罢工、同盟以及无产者在我们眼前实现他们组成为阶级所采用的其他形式给以明确说明的时候，一些人就陷入真正的惶恐，另一些人就显出**先验的**蔑视。

被压迫阶级的存在就是每一个以阶级对抗为基础的社会的必要条件。因此，被压迫阶级的解放必然意味着新社会的建立。要使被压迫阶级能够解放自己，就必须使既得的生产力和现存的社会关系不再能够继续并存。在一切生产工具中，最强大的一种生产力是革命阶级本身。革命因素之组成为阶级，是以旧社会的怀抱中所能产生的全部生产力的存在为前提的。

这是不是说，旧社会崩溃以后就会出现一个表现为新政权的新的阶级统治呢？不是。

劳动阶级解放的条件就是要消灭一切阶级；正如第三等级即市民等级解放的条件就是消灭一切等级一样。①

劳动阶级在发展进程中将创造一个消除阶级和阶级对抗

———————

① 　恩格斯在1885年德文版上加了一个注："这里所谓等级是指历史意义上的封建国家的等级，这些等级有一定的和有限的特权。资产阶级革命消灭了这些等级及其特权。资产阶级社会只有阶级，因此，谁把无产阶级称为'第四等级'，他就完全违背了历史。——弗·恩·"

第四等级：指斐·拉萨尔的错误提法，这一提法主要出现在1862年4月12日拉萨尔在柏林手工业者联合会所作的报告中。报告的题目是《论当前历史阶段同工人等级思想的特殊联系》，拉萨尔的这一报告后来刊印的单行本大都以《工人纲领》为题。

的联合体来代替旧的市民社会；从此再不会有原来意义的政权了。因为政权正是市民社会内部阶级对抗的正式表现。在这以前，无产阶级和资产阶级之间的对抗仍然是阶级反对阶级的斗争，这个斗争的最高表现就是全面革命。可见，建筑在阶级**对立**上面的社会最终将导致剧烈的**矛盾**、人们的肉搏，这用得着奇怪吗？

不能说社会运动排斥政治运动。从来没有哪一种政治运动不同时又是社会运动的。

只有在没有阶级和阶级对抗的情况下，**社会进化**将不再是**政治革命**。而在这以前，在每一次社会全盘改造的前夜，社会科学的结论总是：

"不是战斗，就是死亡，不是血战，就是毁灭。问题的提法必然如此。"（乔治·桑）①

卡·马克思写于1847年上半年

1847年第一次以单行本形式在巴黎和布鲁塞尔出版

原文是法文

选自《马克思恩格斯全集》第4卷第138—198页

———————

① 见乔治·桑《扬·杰士卡》